新商业逻辑
思考改变世界

荆 涛 著

中国财富出版社

图书在版编目（CIP）数据

新商业逻辑：思考改变世界／荆涛著 . —北京：中国财富出版社，2018. 10
（2019. 6 重印）

ISBN 978-7-5047-6774-5

Ⅰ . ①新… Ⅱ . ①荆… Ⅲ . ①商业模式-研究 Ⅳ . ①F71

中国版本图书馆 CIP 数据核字（2018）第 239992 号

策划编辑	谢晓绚		**责任编辑**	张冬梅	周　畅		
责任印制	梁　凡	郭紫楠	**责任校对**	孙会香	卓闪闪	**责任发行**	董　倩

出版发行	中国财富出版社
社　　址	北京市丰台区南四环西路 188 号 5 区 20 楼　　　**邮政编码**　100070
电　　话	010-52227588 转 2048/2028（发行部）010-52227588 转 321（总编室）
	010-52227588 转 100（读者服务部）　010-52227588 转 305（质检部）
网　　址	http：//www. cfpress. com. cn
经　　销	新华书店
印　　刷	北京京都六环印刷厂
书　　号	ISBN 978-7-5047-6774-5/F · 2947
开　　本	710mm×1000mm　1/16　　　　　**版　　次**　2019 年 1 月第 1 版
印　　张	12. 25　　　　　　　　　　　　　**印　　次**　2019 年 6 月第 2 次印刷
字　　数	169 千字　　　　　　　　　　　　**定　　价**　45. 00 元

有人认为：一句话就能改变人的一生！这看似有些绝对，但是如果这句话有预见性、符合逻辑，那它可能真会改变人的一生。

有一个叫索玛的妇人，从小并未接受过正规的教育。在当地，妇女只需要待在家里相夫教子，完全不需要外出工作应酬。后来索玛结了婚，嫁给了一位老实巴交的鞋匠。

索玛给鞋匠生了一儿一女，鞋匠也沉浸在幸福的家庭生活之中。鞋匠工作非常努力，生意也越来越好。当一切按照既定的方向前行时，鞋匠开始整日咳嗽，后来被确诊为肺癌晚期。这个结果对索玛和她的两个孩子而言，无疑是晴天霹雳。

鞋匠停下了工作，住进了医院。由于没有收入且花钱如流水，这个家庭陷入了巨大的困境。鞋匠看着愁苦交加的索玛说："带着孩子走吧，找个好男人！"索玛只是深情地抚摸着丈夫的脸说："如果我现在走了，就会后悔一辈子。"

从那时起，索玛产生了想法：成为鞋匠和商人。她晚上照顾丈夫，白天钻进鞋匠铺里面"叮叮当当"地敲个不停。有人劝索玛放弃。索玛没有理睬，因为她想起祖母曾说："男人能够做到的，女人也能够做到！"

索玛是个新手，对于新手而言，做鞋这类工匠活儿实在是太难了。为了扛起整个家庭，索玛晚上照顾鞋匠时，也会拿着她的"作品"让自己的丈夫给予专业指导。她痴迷于自己的工作，即使手上磨出了血泡也不在乎。鞋匠非常惊讶，自己的妻子竟然能够做出一双麂皮靴子。鞋匠把自己的做鞋技巧传授给她，并叮嘱她时刻注意身体。

索玛的做鞋技术越来越好，不到半年时间，她就可以制作出非常漂亮的鞋子。索玛的努力得到了回报。一位叫苏珊娜的贵族夫人喜欢上了索玛的鞋子，于是高价预订了十双宴会鞋以满足她不同的交际活动。在贵族夫人苏珊娜的宣传下，索玛成了名人，客人源源不断地找上门来。索玛凭借一句话，让丈夫的鞋匠铺恢复了往日生机，自己也成了小镇上唯一一个能够扛起家庭重担的女人。

这样的坊间故事多到数不过来，它们如同点点星光，潜移默化地改变了人们的思维。索玛的创业故事也展示了一种商业思维，即坚持不懈地努力才能通往成功之路。现实中，凭借"一句话"式的商业思维取得成功的公司不胜枚举。有一家快递公司，凭借一句"上帝给了你无数秒，而你需要认真对待每一秒"，把"珍惜上帝的时间"当成座右铭。"以最快的速度将快递送到客户手里"是这家快递公司的经营理念。凭借这个理念，这家快递公司迅速成长，后来成为世界闻名的快递行业巨头。一句话不仅能够改变人生，还能改变一种商业模式。从经典中感悟力量，从真理中找到钥匙，就可以开启人生之旅、商业之旅。

与此同时，笔者非常感谢中国财富出版社以及本书编辑对本书的鼎力支持。有你们的帮助，本书才得以与读者朋友尽快见面！

荆　涛

2018 年 12 月

目　录

PART 1　商业思维改变世界

PART 4　商业心态改变世界

PART 1
商业思维改变世界

1. 一种收入变成多种收入

[战略点晴]　一次性收入变成持续性收入，一种收入变成多种收入，一个维度变成多个维度。

对于一个普通人而言，有一份稳定的工作和收入，能够照顾自己的家庭，就是一种非常好的生活状态。大多数人对幸福的定义是家庭和睦、衣食无忧。但是对于那些经商的人而言，单一的收入并不是他们追求的结果。曾经有一位哲人说："能够横跨多个维度的人，才是一个有生命价值的人。"每个人都希望自己有"多路进财"的能力，想要实现这个目标却非常难。

有一个人，他叫孙长贵。孙长贵一家都是农民，农民的生活是清苦的，收入来自脚下的土地，只有努力劳作才能过上像样的日子。对于孙长贵而言，这种"地里讨食"的生活他已经过够了。于是他南下去深圳打工，成了深圳数以百万计的打工仔中一张普通的面孔。

虽然只是打工，但是孙长贵见了世面。除了辛勤的工作之外，他已经不满足自己的"单一收入"。他认为：如果只是打工拿工资，等到退休，恐怕还是这样的状况。改变自己的思维，势在必行！当他意识到自己不能够进一步提高收入的时候，他选择自学。通过自学，他掌握了几门技能。比如，他学会了电工的本领，考取了电工证。许多人认为电工这一职业不足以改变他的生活现状。孙长贵却不这么认为，他说："技多不压身，有了技术，才有可能改变自己的现状。"

孙长贵所在的公司是一家电子元件加工公司，高级电工也是公司急缺的人才之一。后来，孙长贵凭借自己的这项技能实现了"大翻身"，成了公司的技术骨干。孙长贵的月工资由3500元提高到15000元仅仅用了两年半的时间。

后来，孙长贵还通过社会培训掌握了管理、会计、财产分配等诸多知识。用"知识"全副武装了自己的头脑，这也开始让他有了"多路进财"的本领。孙长贵辞掉深圳的工作，选择回老家创业。他有一个梦想，就是成立一家土特产公司，将家乡的土特产卖到全国各地。

除此之外，孙长贵之前所学的会计、资产分配等知识也让他发现了新的投资领域。随着众筹网站的兴起，他有了成为投资人的念头。于是他注册成为一名投资人，把资金投资给有梦想、有能力、有创意的初创公司。通过投资入股的方式，他成为一名优秀的投资者，仅股权投资的年收益就高达几十万元。值得一提的是，这样的收入并不是一次性的，而是持续性的。

孙长贵，一个曾经的农民，借助创业、理财、投资等方式实现了"多路进财"、多维度进财，这也给广大志在"多路进财"的人树立了榜样。

孙长贵是故事中的人物，并不新鲜，也非发人深省的鸡汤励志人物。现实中，这类"多路进财"的人物还有很多。以故事为例，我们可以找到"钱生钱"的五种途径。

第一种途径是通过金融理财等方式，对个人资产进行有效配置。比如购买银行的相关产品，购买商业理财型保险、基金，进行贵金属投资等。

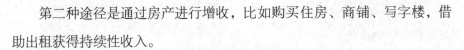

第二种途径是通过房产进行增收，比如购买住房、商铺、写字楼，借助出租获得持续性收入。

第三种途径是通过知识产权进行持续增收，比如图书、音像制品的版权，产品专利等。

第四种途径是通过各种租金等方式进行持续营收，比如汽车租赁等。

第五种途径是通过创业投资的方式获得收益，比如通过打造商业模式，借助产品、服务、品牌等持续获利。

如今，"钱生钱"的方法和途径有很多。只要人们提高自己的学识和眼界，坚持科学、正确的商业投资理念，就能够实现持续进财、多维度进财。

而在企业中，销售产品可以获取收入、招募代理商可以获取收入、加盟招商可以获取收入、企业融资溢价可以获取收入，企业也要给自己打造多种收入来源。

企业的老板更要懂得这个道理，以及产品买卖、产品增值、品牌溢价、加盟连锁、供应商代理商之间的差价、资本增值、规模效应等。如果一家企业能同时研究好这些，把原来的一次性收入变成持续性收入、一种收入变成多种收入，其发展将不可限量。

2. "传奇思维"与"传说思维"

[战略点睛] 要么成为传奇，要么成为传说，怕的是"传都没人传你"。

世界上有两种人名声在外，一种是传奇人物，一种是传说人物。传奇人物通常有非常高的知名度，更有人们难以超越的成绩，比如有着经营之神之称的松下幸之助就是一位传奇人物。传说人物，比传奇人物更加传奇，甚至是坊间里的神秘人物。武侠小说里，那些神龙见首不见尾的武林高手就是传说人物。

亚马逊的创始人杰夫·贝佐斯就是一个商界传奇，与史蒂夫·乔布斯一样，他也有着并不完美的童年记忆。

杰夫·贝佐斯的生父是一个游手好闲的家伙，在一个缺失父爱的家庭里生活，杰夫·贝佐斯多半也会成为一样的人。幸运的是，杰夫·贝佐斯有一位疼爱他的母亲。杰夫·贝佐斯的母亲叫杰奎琳，婚后杰奎琳认识到了杰夫·贝佐斯生父的本性，离开了他，并于1968年嫁给了杰夫·贝佐斯的继父米格尔·贝佐斯。

杰夫·贝佐斯并没有因为父母离异而变得消沉，反倒越来越优秀。高中时期的杰夫·贝佐斯已经是一名优秀的学生，且拥有非常棒的口才。通过自己的努力，他终于如愿以偿，成为美国名校普林斯顿大学的一名学生。有人说："能够进入名校的人，如同踩到成功的电梯上。"很显然，许多传奇人物都是如此。热爱学习、热爱生活、始终保持着积极的心态，甚至是满怀感激，这些优异的品质恰恰是决定一名传奇人物的关键因素。

毕业后的杰夫·贝佐斯在万花筒般的纽约城从事金融工作，并且拥有了较为稳定的收入，一切都朝着好的方向发展。但杰夫·贝佐斯是一个耐不住寂寞的人。他想要开一家书店，很显然图书可以为人们带来知识，知识又可以反哺经济。与此同时，互联网时代也刚刚拉开帷幕。杰夫·贝佐斯表示：当时，自己发现互联网使用量以每年2300%的惊人速度增长，自己之前从未见过或听过增长如此迅速的事物，因此非常兴奋，能够去创建现实世界中不存在的东西——一家涵盖几百万种图书的网上书店。

对于当时的社会来讲，在网上开书店是极具挑战性的尝试。"挑战不可能"似乎也是传奇人物的共同特点。难能可贵的是，在听到杰夫·贝佐斯这个疯狂的想法后，他的妻子不但没有反对，反而鼎力支持他。

创业初期，杰夫·贝佐斯只是在自己的网站上卖书，并没有涉及其他商品。随着网站点击率的攀升，他逐渐上架其他商品，比如音像制品等。随着上网购物的消费者越来越多，亚马逊网站逐渐成了综合性的购物网站，范围涉及图书、电器、服装、家居等。到了后来，有人甚至将亚马逊与零售巨头沃尔玛相提并论。

如今，杰夫·贝佐斯建造的亚马逊商业帝国市值超过 3000 亿美元，其个人身价也位于世界富豪排行榜前列。著名杂志《哈佛商业评论》对杰夫·贝佐斯的评论是——他发明了一种新的商业哲学。

经历过杰夫·贝佐斯这样传奇经历的人少之又少，甚至可以用"稀缺"来形容。许多人都想成为传奇人物。但是想要成就传奇，躺着做春秋大梦可不行。以杰夫·贝佐斯为例，我们要学习他身上的三种优秀品质。

第一，目光长远。

俗话说："放长线钓大鱼。"如果我们只是把眼界停在自己的脚下，就无法走上未来之路。很显然，杰夫·贝佐斯是一个目光长远的人，他自创建亚马逊以来就奉行一个哲学：用户至上。互联网时代，用户至上法则不仅可以助人成功，更是一种真理。有人说："只有坚持真理的人才能成为传奇。"坚持真理，不也是一种目光长远的表现吗？

第二，重视体验。

体验，是一种亲自感受的过程。体验是一个动词，它需要一个人付出实际行动。体验还是一个名词，它代表着一种极致感受，良好的体验会提升一个人的愉悦感。很显然，杰夫·贝佐斯将动词体验与名词体验都夯实到位了。他一方面通过自己的体验去感受世界的变化，另一方面则想尽办法为用户提供极致的体验和享受。

第三，持续循环。

古人言："流水不腐，户枢不蠹。"这句话就是让我们寻求一种循环。杰夫·贝佐斯的亚马逊是一个循环装置，有资金链的循环、执行力的循环、产业链的循环等。坚持打造"循环商业模式"是亚马逊成功的关键，同样也是杰夫·贝佐斯的经营哲学之一。

小微企业或者个体经营者要善于制造话题，让用户主动传播。开一家物美价廉的店是应该的，学会制造一些话题更能如虎添翼。比如可以营造"这里的饭吃出过钻戒""某饭店是最适合请客的地方""那里的衣服都是网红服装"等话题。从某个角度来讲，只有我们掌握了传奇的塑造方式，自己才能够成为传奇。学习比致敬更重要！

3. "想好了再干"与"边干边想"

[战略点睛] "想好了再干"，还是"边干边想"？

"想好了再干"与"边干边想"，是完全相反的两种行事方式。我们可以用"凡事预则立，不预则废"来形容"想好了再干"，貌似这种行事方式更具计划性。"边干边想"似乎也有实践的意义，通过实践总结经验教训，是一种"摸着石头过河"的大胆行为，似乎也能够带来巨大的成功。因此，我们应辩证思考这两种行为的积极因素，并将二者进行结合。

有一位年轻人叫约瑟夫，他有一个梦想，他想要拥有一家自己的创意公司。他擅长绘画，并且在设计大赛上获过金奖。种种成绩表明，约瑟夫是一位非常有艺术天分的人。

当然，开公司与开画廊完全不同。公司需要盈利，需要一整套相关合法手续；画廊则不同，它只是一个展示平台，并不一定以盈利为目的。朋友告诉约瑟夫："开公司不是一件简单的事情，需要你有一个规划，将与经营相关的一切准备充分。这一切就像引水灌溉，准备的过程就是挖水渠的过程。"

约瑟夫听取了朋友的建议，决定先规划好，再开办自己的公司。他准备好相关材料，然后在郊区租下一套房子用于创作和生产。为了让自己的公司能够一炮而红，他还接受了另一位朋友的建议，为开业进行造势。公司开业之前，约瑟夫的艺术品已经通过相关活动与消费者见面，并获得了非常高的关注度和人气。这一切都预示着成功。

当然，故事的结果我们能够预测到，约瑟夫和他的公司取得了开门红，开业当天便创下了数万美元的交易额。

"想好了再干"，是一种计划性的工作行为。打个比方，一位登山爱好者选择攀登珠穆朗玛峰，必然要提前做好各种准备工作，比如准备登山用品、签订人身意外保险、找好登山向导以及各种防止高原反应、冻伤的"灵丹妙药"。如果准备得不够充分，攀登珠穆朗玛峰就意味着"送死"！"想好了再干"是一种成熟且成功的经验，这种经验对于那些毫无经验且志在某个领域的人而言，是极具现实意义的。

但是还有一种观点：等你想好了，你已经失去机会了。对于那些因准备过多而错失机会的人而言，这样的结果是悲剧性的。因此也催生出一个现实问题：机会来临时，我们是否需要"边干边想"？

有一位年轻作家，他为了一部鸿篇巨制准备了三年多的时间。他一心想通过这部作品获得精神上的洗礼。由此可见，他非常重视这部作品。

众所周知，撰写一部鸿篇巨制不仅需要时间和精力，还会让一个人付出巨大的代价，比如忍受贫穷、困顿、孤独等。但是当另一个机会来临时，会不会对他原先的计划有影响呢？当他正专注于创作时，一个万人瞩目的文学大赛开始了。

对于年轻作家而言，文学大赛就像一个舞台。如果能够参加比赛，并获得名次，实在是一次妙不可言的人生经历。因此，这位年轻作家选择暂时搁笔去参加万人瞩目的文学大赛。他也深知比赛的重要性，而且更希望从中夺魁，实现自己的人生目标。

现实中，选择"想好了再干"或者"边干边想"的人有很多，这两个方式虽然充满挑战，但是人们能够从行动与尝试中形成一种新经验、新方法。年轻作家抓住了文学大赛的机会，凭借一篇中篇小说获得了那次大赛中篇小说组的冠军。年轻作家声名鹊起，社会关注度有了质的提升。他不仅从中赚到了奖金，而且为自己的写作生涯积累了更多的经验。

至于是先准备还是先行动，似乎没有绝对意义上的"标准答案"，只是有一些人会犯"逻辑错误"。如果时机还不够成熟，我们就继续思考与准备，以换取更好的机会；如果时机已经成熟，我们需要放下手中的准备工作，抓住时机，以行动代替准备。不管是做足准备还是提前行动，核心要素只有两个，即行动与结果。行动是检验真理的唯一标准，思考的目的也是行动。结果是行动的结果，以"结果为导向"的行动才是有目的的。准备与行动，可以有"先后关系"，也可以没有"先后关系"。就像出门买菜，我们可以选择在出门前列好购买清单。当然，也可以选择在超市里一边逛一边选择自己需要的产品。计划不如变化快。一切事物都处于一个变化、运动的过程之中，我们只是需要将思想与行动进行统筹和规划，根据客观实际定夺自己的行为方式。

4. 公司有两个客户：消费者和投资者

[战略点睛] 公司有两个客户：消费者和投资者。

通常来讲，公司只有一个客户，那就是消费者。消费者的作用就是通过消费拉动公司的产销，并为公司创造实际收益。许多公司都坚持以"客户为中心"的销售理念，为客户提供优质的服务。

消费者当然是客户，但是公司也不应该忽略了投资者，善于创业的人知道投资者怎么看公司，也知道如何获取投资者的信任，更知道投资行业的规则，所以在开展业务的时候、设计公司的时候会预先设计公司的金融路线图，引起投资者的注意，在合适的时候吸引投资者，从这个意义上来说，公司的另一个很重要的客户就是投资者，你关注了吗？

南方有一家软件公司，公司老板是一位年轻的"海归"。这家公司是一家初创公司，除了老板外，还有 16 个股东。对于"海归"老板而言，为股东们赚钱是一件非常重要的事。

如果老板在开公司的时候就注意把公司的各项指标做得规范合理，然后不断地像做业务一样联络投资者，就极有可能有投资者投资这家公司，而老板可以借用资本的力量让公司发展得更好。

从某种角度讲，投资者也是消费者。他们把资金带给公司，与普通消费者用资金购买公司产品，有相通之处。马云则把投资者比喻成"娘舅"，他曾经表示：对员工，自己会倾听，但会按照自己认为对的去做；对客户，通常自己是跟着客户去走的。客户第一、员工第二、股东第三，上市后还是如此，不会因为股市而改变方向。这是大家合作的基础，大家是伙伴关系。

马云把投资者看成伙伴，把消费者看成衣食父母。如果用一种伦理尺度来衡量，伙伴与衣食父母是同一维度的"亲人关系"。在这个维度上，投资者与消费者是平等的。当然，我们也可以把消费者当成投资者。

世界著名的电脑公司戴尔，早期就是通过一种客户融资的方式获取资金的。客户融资不同于众筹，客户融资更像是预付款。戴尔公司对下订单的客户收取"预付款"，这种方式帮助戴尔公司实现了两项"壮举"。第一项"壮举"是降低了营销成本，戴尔公司类似"直销"的营销方式让营销变得更加简单，并将中间所节省的费用以"客户返利"的形式回馈客户，让客户尝到了甜头，享受到"分红"的乐趣；第二项"壮举"是大大降低了投资成本，甚至开启了一种"借鸡下蛋"的模式。通过客户融资尝试，戴尔公司有了充裕的生产和研发资金，并为客户提供了富有个性的 DIY（自己动手做）电脑产品。

5. 生活带来的商业思维

[战略点睛]　观察商业就是观察生活本身。

人人离不开生活，商业更源于生活，从生活中来再到生活中去。生活是一个难以解释的词汇，它既是一个名词，又是一个动词。作为名词的生活，体现人的一种状态；作为动词的生活，概括了人的一切行为。购物为了生活，教育为了生活，衣食住行也都为了生活。

人们生活方式的变化，科学技术进步带来的变化，社会活动方式的变化，生活中的各种变化都会引起商业模式改变。

　　商场就如同生活，因为真理皆从生活中来。观察是一种能力。从哲学角度讲，观察是认识世界、改造自己的过程。大作家罗曼·罗兰说："应当细心地观察，为的是理解；应当努力地理解，为的是行动。"由此可见，观察可以增长见识，为自己的行动提供科学依据。俄国作家冈察洛夫则认为：观察与经验和谐地应用到生活上就是智慧。事实上，能够将观察与经验和谐地应用到商业领域之中，也是一种智慧。

　　如今已是互联网时代，互联网时代瞬息万变，这个时代的商业模式与传统商业模式完全不同。有人说："对待一个正处于变化中的事物，我们更需要去观察它、研究它，从中找到规律。"如果我们一直采取"摸着石头过河"的方式去试探，一旦"洪水"来了，可能就会被"洪水"卷走。现实生活中常会见到一些人通过观察发现了新机遇、新契机。俗话说："机会会通过一些细微的变化显现出来。"如果我们能够通过观察找到商机，也是对自己思想和认识的一种检验。透过现象看本质，透过行为探索行为背后的意识，同样也会给人们带来意想不到的收获。

6. "思想升维"与"执行降维"

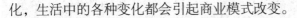

　　［战略点睛］　生活也好，工作也罢，要学会升维和降维。

　　升维与降维，是当下比较火的词汇。维度就是思考的角度。什么是升维呢？就是在原本的基础维度上进行升级。什么是降维呢？就是降维思考，不要用更高级的维度来做事。你与一位刚创业的人交谈，你和他说上市他很可能会觉得这是天方夜谭，此时就要降维沟通；你与龙头企业老板说卖货的事情，也不太合适，此时就要升维沟通，这样才合适。

众所周知，思想境界决定人生高度。如果人类的思想一直止步不前，恐怕还停留在茹毛饮血的时代。人类需要进步，就需要不断提升自己的大脑。笛卡儿说："我思故我在。"思考，是证明人存在的方式。思考，也是人区别于动物的标志。人活着就需要思考，通过思考让自己生命变得更加有意义。生活也好，工作也罢，思考是证明人类生存轨迹的重要方式。因此，人们可以通过思考加深人脑的开发以及促进社会的进步。工业革命实现了人类历史上的极大跨越，工业革命就是人类思想史上的升维。工业革命以机器代替手工劳动，以电器代替蒸汽机。未来，互联网时代又可能会取代电气时代，每一次时代的升级，都是人类思维的升级。

如果我们用"思想升级"来形容升维的概念，是否就意味着降维就是"思想退化"呢？当然不是！降维，只是让人脑的意识进行落地、执行。在商业领域内，降维更多指执行力的贯彻。比如，许多企业家坚持"高调做事、低调做人"的思路，这种思路与"思想升维""执行降维"有相似之处。言外之意，就是让我们在不断提升大脑思维、开阔眼界的同时，落地生根，将思考力转化为执行力，最终开花结果。

有一位中年企业家，进入 21 世纪后似乎一下子迷失了。他的企业发展开始变慢，自己的前进步伐也开始受阻。他看到身边许多朋友纷纷拿起书本学习，甚至有些人选择出国深造提升自己。种种迹象表明，他急需突破自我。他认识到，瓶颈期是危险的，如果突破不了，就只能等待"死亡"。当扼住命运的那只手逐渐靠近时，提升自己是极有效的出路。

我们都知道，万科集团创始人王石，近几年一直在游学，通过游学开阔自己的眼界，释放自己的心灵。俗话说："一叶障目，不见泰山。"如果我们的心灵一直被关在"小黑屋"里，我们必然看不到菩提叶后面的泰山。一叶障目，不仅是一种视野上的局限，更是一种思维上的局限。这位中年企业家意识到这样的问题，所以开始游历、学习，用一种开放的胸怀拥抱变化。

在游学过程中，中年企业家也认识了许多志同道合的朋友。这些朋友里面，有年轻人，也有长者。他认为，年轻人的思想是开放的、多样的，甚至是前卫的。他们的公司给人留下了两个深刻的印象：创新和活力。那些成功的传奇企业家，也就是那些 60 岁以上的企业家，他们同样拥有年轻人的创新思维和永不服输的干劲。因此，解放自己的思维、提高自己是非常重要的。

通过学习与思考，中年企业家开始对企业进行一系列改革，改革有三个方面：第一方面，产业技术改革，以新技术取代传统技术；第二方面，管理方式改革，以精细化和人性化管理取代传统的粗放式管理；第三方面，人才制度改革，打造人才智库，引进现代化的人才管理制度，借助"360 度绩效考核"实现人力资源的合理配置和优化。通过这三个方面的改革，该企业重新焕发了生命力，再一次占领了市场。

"思想升维"，需要着力在两个方面进行提高，即心境的提高和视野的提高。有人说："站得越高，看得越远。"如何才能站得高呢？需要我们不断提升自己，借助学习，让自己站到一个新的思想高度上。如何才能看得远呢？我们可以按照一些常规的方式进行练习。比如，养成爱读书的好习惯，借助书本上的知识提升自我并开阔视野；通过自我培养、自我审查，学会并掌握多个角度思考问题的方法；回归生活，观察生活，从生活中感悟人生真谛，提升修养；多与人交往、交流，交流也是自我提升、自我弥补的过程。

"执行降维"，需要重点关注两个方面：选择路径和落地执行。世界上，同样的问题有许多种解决的路径，而我们选择的路径应是一种"优中择优""摩擦力最小"的路径。这并不是指一条捷径，而是一条剔除了复杂因素之后的路，一条可以借助"流程"执行的路。落地执行，就是将所有的思维、办法、意识落实到纸面上，形成一种可执行的路径和流程。商业经营管理学是一门落地执行的学问，它需要人们低调、低调、再低调，这样才能把执行的功课做到位。

"思想升维"与"执行降维"是两个需要同时进行的动作，甚至就像一个人的左右手，或左右脑。升维与降维并不矛盾，似乎通过升与降才能平衡、归一。

7. 商业模式：可以变得更好

[战略点睛] 对于商业模式而言，"进化"是一种方向。

当下，出现了许多"鸡汤"，这些"鸡汤"不管口味如何，都具备清一色的"励志功效"。许多年轻人在自己的微信朋友圈转发各类"鸡汤"，甚至有一些"鸡汤"会产生巨大的传播能量，在人与人之间、企业与企业之间传播。有人对此产生了反感，他们认为：社会是残酷的，人们不需要这样的鸡汤。甚至还有人认为"鸡汤"有"毒"，应当远离"鸡汤"。但是在笔者看来，"鸡汤"并没有毒，它代表着一种志向、一种方向、一种对美好事物的向往。就像广告词"没有最好，只有更好"一样，孜孜以求地追求卓越，不就是奋斗的方向吗？对于商业模式而言，"进化"是一种力量，也是一种方向。商业模式，完全可以变得更好，变得更具有时代特点。

企业家每天应该问自己："哪里可以变得更好？"更好代表进步、代表创新、代表不断前进。正所谓不进则退，经营企业也是如此，要卖产品—卖方案—卖机会—卖出路—卖梦想，不满足于现状，对标更好的企业，不断思考，有没有人比自己更好。商业环境是不断变化的，因此企业要不断做出改变。

南方有一家服装企业，老板姓徐。徐老板自 20 世纪 80 年代末就从事服装设计、加工、营销生意，是国内较早也较为成功的生意人。他把自己的服装产业划为三个时代。

第一个时代是 20 世纪 80 年代到 90 年代，也就是我国市场经济的萌芽期。这个时期的商业模式是简单粗放的，这甚至是一个"野蛮生长"的商业时代。在这样的时代下，徐老板的服装企业采取高仿的策略，对潮流服饰进行复刻。由于当时大多数企业没有"品牌意识"和"设计产权保护意识"，服装产品通常以数量取胜，以价格取胜。在这样的环境中，许多企业完成了资本、资源的原始积累。种种迹象表明，这样的商业时代不会太过长久，新商业时代即将来临。

第二个时代是 20 世纪 90 年代到 21 世纪初，也就是我国市场经济的发展阶段。此时的商业模式开始由作坊走向厂房，由简单粗放走向科学集约，由以量取胜走向以质取胜。许多企业开始注重品牌建设，注重设计方案，注重消费者的需求。徐老板的服装企业也逐渐走上了规模化、品牌化、现代化之路。徐老板认为：时代的发展推动商业模式的发展，这种"进化"不是一种偶然，而是一种必然。在这样的时代背景下，国内许多服装企业纷纷有了自己的设计师团队，甚至还有一些企业有了自己的"材料研发中心"，为消费者提供款式更新颖、材质更舒服的服装。另外，还有一些服装企业加大了对品牌的建设力度，引入品牌文化，提高企业的软实力。与此同时，逐渐成熟的市场经济环境也带来了激烈的市场竞争。种种迹象表明，一个新商业时代即将来临。

第三个时代是 21 世纪初到现在，也就是互联网高速发展的阶段。网络化标签是极大、极新奇的特色，随着商业的互联网化、经济的互联网化、生活的互联网化、社交的互联网化等，人们意识到，互联网不仅是一种科技，更是一种商业升级的工具。互联网令世界更加开放，使人们产生了新的意识。徐老板的服装企业也有了新的变化，比如引入个性化产品模式为消费者提供更加有个性的服装定制服务，借助软件让消费者实现线上的服装混搭，为消费者提供更加人性化、互动化的营销模式，等等。徐老板说："新的商业模式不仅改变了商业思维，更开阔了思路和视野，让我们对新商业、新模式有了全新的理解和认识。"

当然，这仅仅只是第三个时代，后面还会有第四个时代、第五个时代，就像物种进化那样，商业模式永远在进步，而且可以变得更好！徐老板并不害怕激烈的市场竞争，市场竞争反而可以提高一家企业的生命力和创新能力。不管是 B2C（商对客）模式，还是从 B2C 模式回到 C2B（消费者到企业）模式，新商业模式都会让一家企业拥有新的技能，比如创新的技能、整合资源的技能等，这些技能都是商业圈内的生存技能，掌握了这些生存技能，企业才能羽翼丰满。徐老板感言："在好的时代学会了更好的技能，就会推动企业不断发展。"如今，徐老板的服装企业拥有员工 2000 多人，年产值数十亿元。

众所周知，三个不同的时代出现了三种风格迥异的商业模式。第一个时代的商业模式是 OEM（原始设备制造商）模式。顾名思义，OEM 就是一种代加工模式，这种模式盈利水平低，以赚取低廉的加工费为主。20世纪末，我国南方许多加工企业就是采取这种"来料加工"的方式得以艰难生存。第二个时代的商业模式是 ODM（原始设计制造商）模式。简而言之，ODM 模式是"OEM + 设计"的模式，这个模式虽然没有摆脱代加工或者贴牌加工的商业窘境，但是拥有了较为强大的市场竞争力。如今，我国 ODM 型企业依然非常多。第三个时代的商业模式是 OBM（代工厂经营自有品牌）模式。OBM 模式是一种品牌运营模式，也是当下知名企业选择的经营模式。这种以"品牌运营"为中心、以创新为动力的运营模式，不仅能够让企业拥有强大的运行管理能力和产品研发能力，而且可以帮助企业优化盈利模式，提高盈利水平。企业家、商业从业者要紧跟时代的发展，以一种开放、包容的胸怀拥抱未来、拥抱变革。你不进步，时代也会推着你进步。

8. "撬动地球"的大局思维

[战略点睛] 给我一个支点，我能撬动整个地球，支点一定在地球之外。

阿基米德曾经说："给我一个支点，我能撬动整个地球。"那这个支点在地球内还是地球外呢？肯定是地球外吧。看企业也是一样，做什么脑子里就总想什么。而如果换个角度看问题，站在企业外看企业呢？想法就不一样了。

如果你不是企业老板，你的公司给了你 500 万元咨询费，你会怎么思考？

如果这家企业不是你的，你是外行，你打算怎么改革这家企业？

借用外部思维来改变自己的企业，往往比自己思考要好得多。

这句话又如何流传至今呢？有一个词很显眼：支点。只要有一个支点，人们就可以通过杠杆撬起一个平时撬不起来的重物。有人把这个支点看成"撬点"。在经济学范畴里，杠杆是非常有意义的。比如，当一个财务变量发生微小变化时，杠杆另一端的相关财务变量会以较大幅度变动。因此，许多企业都会采取"杠杆原理"规避经营风险和财务风险。"杠杆原理"就是借助巧劲实现飞跃，人们是如何把这种"杠杆原理"运用到了生活与工作中呢？

比尔·盖茨是一个非常聪明的人。当然，他对使用杠杆也是驾轻就熟。众所周知，比尔·盖茨的微软公司是一家视窗软件公司，世界上 90% 的电脑恐怕都安装了 Windows 系统。但如果你认为 Windows 系统只是一款原发初创产品，那就大错特错了。如果我们把比尔·盖茨的发家史分成四个阶段，那么这四个阶段都有"杠杆原理"的使用在里面。

第一个阶段，也就是电脑刚刚诞生的初期。比尔·盖茨早已预测到未来的世界是电脑与互联网的世界。他确信，有一款强大的发明会出现在人类的文明社会里。于是，他花钱购买了 QDOS 系统（一款操作系统）的使用权，并与自己所写的 Basic DOS（一款操作系统）进行合并，成为鼎鼎大名的 MS－DOS（微软磁盘操作系统）。当然，这仅仅是第一步，传奇的故事还在后面。

第二个阶段，聪明的比尔·盖茨想到了一个好主意，就是与另一家传奇公司 IBM（国际商业机器公司）进行合作。1981 年，比尔·盖茨与 IBM 进行合作，将 MS－DOS 授权给 IBM 公司进行使用，并对 IBM 公司提议："赚了钱，分我一杯羹即可。"这种营销方式，快速为

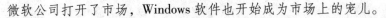

微软公司打开了市场，Windows 软件也开始成为市场上的宠儿。

第三个阶段，由于比尔·盖茨保留了 Windows 软件的合作权和升级权，他按照过往与 IBM 公司的合作经验，与世界上几家电脑公司进行合作，如法炮制。通过这样的方式，微软公司几乎把自己的软件安装到了世界上所有的电脑中。当然比尔·盖茨并没有停止脚步，第四个阶段很快来临了。

第四个阶段，比尔·盖茨坐拥数百亿美元的资产，但是他并未收住自己的野心。微软公司借助自己的视窗软件平台优势，逐渐进入硬件市场和智能产品市场，比如手机、电脑等。

如果用"杠杆原理"形容比尔·盖茨的做事风格，那么他是一个靠几万美元撬动千亿美元的人。

杠杆是一个很奇妙的东西，许多人都希望借助杠杆撬动财富。传统商业中，有哪些"点"有可能成为"撬点"呢？

（1）客户需求。

有需求才有市场，没有需求也就没有市场。客户需求，也是极重要的商业"撬点"之一。对于企业而言，寻找客户需求，借助产品撬动客户需求，把客户的需求转变为利益，就是一种使用杠杆的方式。如果企业生产的产品无法引起客户的需求兴趣，就需要企业对产品和服务进行重新定位。只有满足客户的需求，才能撬动客户市场。

（2）技术能力。

比尔·盖茨的视窗软件本身就是一项伟大的技术发明，借助技术优势撬动市场，同样也是一种非常成熟的做法。因此，企业还应该不断提升相关技术水平，借助技术之力寻找突破口。国内就有企业通过提升技术研发能力，让生产出的产品具有市场唯一性，因而具备商品定价权。还有一些企业借助技术优势优化产能结构，不仅提升了产量，而且大大降低了生产成本。

（3）生态平台。

互联网时代也是一个平台时代，互联网本身就具备了一种平台属性。如今，许多企业通过搭建互联网生态平台，打造平台经济生态圈，形成一种闭合循环的利益生态链条。比如，小米科技借助 IoT（物联网）平台将小米科技旗下的诸多应用软件和硬件进行整合，为客户提供更加智能的服务体验。平台，同样是一个"撬点"，甚至是一个万能的"撬点"。

除了以上三大"撬点"外，人才、渠道、商业引擎等也有可能成为"撬点"。除了"撬点"之外，还要有一颗必胜的信心。只有这样，才能借助杠杆撬动更大的商业利益。

9. 新思维：跳出商业看商业

［战略点睛］　跳出产品看产品，跳出公司看公司，跳出行业看行业，跳出商业看商业。

正所谓"不识庐山真面目，只缘身在此山中"。很多人身在"庐山"中却看不清"庐山"。有人说："世界上最难的事情是看清自己。"看不清自己，只因自己无法做自己的旁观者。想要看清自己，就必须跳出自己设置的圈套，还原本质。

比如，由于加工工厂的人是做红木的、代理商也是、顾客是买红木的、平时大家谈的话题也是红木，做红木的人就形成了一套惯性思维，很难跳出自己的思维框架，忽略了红木本身具有升值、保值的"金融"价值。

产品、公司、行业、商业，跳出原本的经验圈，往往会有新的突破。

　　古代有一位工匠，他有非常好的雕刻技术，他雕刻的器物栩栩如生。工匠在当地非常有名气，甚至还有许多人想要跟他学习雕刻技术。

　　有一年，京城里来了一位钦差大臣。这位钦差大臣准备寻找五位工匠参与皇家宫殿的雕刻工作。对于工匠而言，成为皇家雕刻师是无上的荣誉。当然，这位工匠也有非常大的兴趣，他也想一试身手。于是他也参加了钦差大臣举办的雕刻大赛。

　　工匠的参赛作品是"双龙戏珠"，两条龙分居龙珠两边，就像活的一样。如果从雕刻技术上讲，这件作品已经无懈可击。但是令人遗憾的是，钦差大臣并不欣赏他和他的作品，而是挑选了五位雕刻技术好像没有那么精巧的人。这位工匠非常郁闷，他发牢骚道："外行看内行，当然只能看热闹，有什么了不起的！"工匠的脸上写满了"不服输"，但是他也只能放弃。

　　钦差大臣并没有立刻离开，而是继续在这个地方寻找能工巧匠。对于这位工匠而言，他还是有"入围"的机会。有一天，钦差大臣认出了这位工匠，便与工匠攀谈起来。

　　钦差大臣看到工匠的作品后，直言不讳："你的雕工没得说，但是似乎缺一点东西在里面！"

　　"缺什么？"工匠有些好奇，难道一个外行还能讲出道理来？工匠有些不服气，瞪大眼睛等待钦差大臣的回答。

　　钦差大臣并没有直接回答，而是随手捡起一块工匠丢掉的残品，拿起刻刀雕刻起来。一刻钟后，钦差大臣把手里的雕刻作品交到工匠的手上，工匠看到一只活灵活现的猴子跃然在一根"残木"上，大为震惊。工匠问钦差大臣："您是怎么做到的？"

　　钦差大臣笑着说："如果你能够摆脱传统题材的束缚，用另一种态度去看待一块原料，你也会取得成功！"

　　言外之意，工匠太执着于技术，而忽略了雕刻的本质。因此，工匠的作品大多精巧而不鲜活，似乎缺乏一种生命力。此时工匠才意识到自己的问题：熟练的套路只能让自己循规蹈矩、越来越普通，跳出自己看自己，才能让自己创作出传统之外的、属于自己的作品。工匠受益匪浅，后来才知道这位"点亮"他"职业人生"的钦差大臣曾是皇帝御用的首席雕刻师。

　　产品方面，人们通常只是一味提高产品的质量，或者简单地把产品当成能够满足消费者基础需求的一个条件。互联网时代下的产品应触达到的消费者的"点"远不止如此，客户需要体验、需求和人性的绽放，因此公司需要跳出产品、重新定义产品。价格方面，差异化、个性化的定价策略，其效果要远远好过无差别定价策略。渠道方面，过去人们固执地按照传统分销渠道进行营销，互联网和互联网思维让人们有了更开阔的思路想法，创新营销渠道，从传统思维迈向互联网思维，才能拓宽营销渠道。

　　有人认为，商业是需要逻辑创新的。互联网时代下的商业模式，更需要人们打破界限，换一种思路去对待。组合元素越来越多，组合的方式、种类也就越来越多。商业经营虽然不是"数字游戏"，但是需要人们拥有跳出模式看模式的习惯。

10. 成功的商业秘诀：找个对手

　　［战略点睛］ 对标对象决定了你可能成为谁。

　　许多人都有这样的童年记忆，父母常常说："某某是你们班的第一名，你要向他学习。"这句话虽然有些刺耳，但是向优秀者学习，并不是一件过分的事情。当然还有一些后来居上者，他们内心深处藏着一个赶超的目标，每前进一步，都会产生一种成就感。通过"比学赶超"等方式超过对手，也就会取代对手，成就自己。

如今，华为已经成为世界上几大电信设备公司巨头之一，在此之前，华为公司的对标对象就是爱立信。超越爱立信之后，华为公司又开始寻找新的超越目标。

众所周知，小米科技的董事长雷军一直把苹果公司当作自己的学习目标。在人们眼里，苹果公司是一家集科技、时尚、创新于一体的"超级公司"。想要超越苹果公司，似乎是不可能的事情。当然，苹果公司只是小米科技的一个终极目标，不断超越自己似乎才是最重要的事情。

小米科技董事长雷军被"米粉"冠以"雷布斯"的外号，这位老板也是"雷语"连连、野心勃勃。当他谈及苹果公司和苹果公司的创始人史蒂夫·乔布斯的时候，他十分谦虚地表示，自己 18 岁的时候就是"乔粉"，从来没有奢望过能成为乔布斯第二，小米科技也绝对成不了苹果公司，因为他是神，是大家顶礼膜拜的偶像，极简完美设计是其他公司无法企及的高度。小米科技努力的方向是"易上手，难精通"，全力设计高品质高性能的发烧手机。有一群发烧友喜欢就足够。但是在所有小米人的眼里，苹果公司就是小米科技的奋斗目标。

有一句话是这样的："不是半途而返，就是走到终点。""比学赶超"之路是一条漫长之路，一点一点地接近目标，才有可能超越目标。小米科技在创立初期，同样被许多人看衰。有人说："雷军放弃软件市场而投身手机市场，完全是一种赌博。"但是正所谓"有志者事竟成，破釜沉舟，百二秦关终属楚；苦心人天不负，卧薪尝胆，三千越甲可吞吴"，破釜沉舟与卧薪尝胆，恰恰是中国人的优秀传统。不给自己留退路、置之死地而后生也恰恰体现了中华民族的奋斗精神。正因如此，小米科技在别人不看好的情况下，从自我超越开始，一步一步超越了身边的对手。如今，小米科技已经成为世界手机畅销榜单前列的公司，这样的成绩，虽然还难以与苹果公司相提并论，至少与奋斗目标又接近了一步。

有一位马拉松运动员，天赋一般，很难成为世界顶级运动员。当然，他也承认自己的天赋一般，只要尽力而为就好。起初，他并没有过于远大的目标，只是想成为自己家乡的佼佼者。于是他参加各类比赛，提高自己的成绩。两年之后，他的马拉松成绩突飞猛进，以打破地区纪录的成绩成了家乡的马拉松冠军。

如果故事这样结束了，一定是非常令人惋惜的事情。在他看来，能够取得家乡冠军虽然有一定幸运的成分在里面，但似乎也是水到渠成之事。如果能够在现在的成绩基础上再提高几十秒，就会打破全国纪录。于是，他产生了一个想法：三年内战胜全国冠军，以优秀的成绩参加奥运会。

制订了目标，就朝着目标前进。被誉为"积极思考的救星"之称的美国作家诺曼·文森特·皮尔说："所有成功人士都有目标。如果一个人不知道他想去哪里，不知道他想成为什么样的人、想做什么样的事，他就不会成功。"马拉松运动员通过训练，进一步提高了马拉松成绩。三年后的全国锦标赛，他不仅战胜了全国冠军，而且将全国马拉松纪录提高了15秒。因此，他也如愿出现在了奥运会的赛场上。虽然奇迹没有继续，他没有在奥运会上拿到奖牌，但至少他实现了自我意义上的超越。

叶国富的名创优品的对标对象是苹果和好事多，由于对标对象独特，他的商业价值观也与众不同，名创优品产品设计好、物超所值且很重视会员复购。

这样的传奇故事还有很多，有商界奇迹，也有生命的奇迹。给自己寻找一个对手，才能有赶超的动力。当然，对标不仅是一句话，它还是落地的科学。所谓"比学赶超"，就是比较差距、学习标杆、迎头赶上、超越标杆。"比学赶超"是一个过程，它还需要人们能够在对标过程中摆正自己的心态，勤快一点，不要过于看重成绩，少一点功利心，少一点抱怨，多一点阳光，建立属于自己的发展路径。只有这样，对标才有意义，才能实现自我超越。

11. 胜利属于"游戏制定者"

［战略点睛］　未来赢得游戏的人不是游戏的参与者，而是游戏规则的制定者。

国内有一款网游，每天线上玩这款游戏的人超过 50 万人。网游世界里，所有的角色都必须按照里面的游戏规则行事，如果违反了游戏规则，就会遭到一系列的惩罚，甚至有封号危险。要想在网游世界里有所"成就"，就需要遵守相关游戏规则。当然，游戏规则是由游戏开发者制定的，游戏开发者还可以随时改变游戏规则，游戏参与者也要按照新规则玩游戏。网络游戏是游戏，商业游戏也是游戏。如果一家企业做到无限大，企业客户的数量无限多，这家企业就具备制定游戏规则的条件了。

说到商业游戏规则的制定者，不得不提石油大亨洛克菲勒。洛克菲勒的第一份工作是在休伊特—塔特尔公司做助理簿记员。簿记员是一个小到可以被忽略的角色，助理簿记员更是如此。当然，年轻的洛克菲勒非常喜欢这份工作，并且把自己的"工作日"看得比"生日"还要重要。

三年之后，洛克菲勒辞掉自己的工作，与一位小伙伴创办了一家"商行"。此"商行"并非商业银行，而是一家土特产商铺。洛克菲勒非常有经商天分，商行的年利润呈几何式增长，一位商界天才由此冉冉升起。当然，洛克菲勒并非一帆风顺，在经历了经营赔本、与好友分道扬镳等不顺后，26 岁的洛克菲勒历经几年的辛苦，终于成了克利夫兰最大的炼油厂的老板，这家炼油厂每天可以处理 100 桶左右的原油。

洛克菲勒的商业游戏源自不停扩张、收购，他认为，只有规模无限扩大，才有掌控整个石油市场的能力。1972 年对于洛克菲勒而言，是有纪念意义的一年。这一年的 2 月到 3 月，他在短短 37 天的时间内一口气吞下 22 家炼油厂。此时人们开始疯狂地指责洛克菲勒，认为他是"垄断代言人"。"垄断"一词并不好听，但是他的公司因此具备了重新定义市场的能力。

人们对洛克菲勒既恨又爱，恨洛克菲勒对石油加工行业进行垄断，爱洛克菲勒给老百姓带来了廉价的煤油。洛克菲勒把石油加工成本降到极低，因此也就能够为消费者提供物美价廉的石油产品。洛克菲勒曾表示：公司是在为穷人炼油，一定要让他们得到物美价廉的煤油。那么洛克菲勒石油公司的精炼煤油到底有多么便宜呢？据记载，美国当时许多家庭使用的松脂灯油每升 23 美分，洛克菲勒石油公司售卖的煤油每升只需 1.3 美分。后来有人评价说："洛克菲勒是一个改变世界规则的人。"

参与游戏的人，通常只能在别人制定的规则里面进行游戏。想要突破游戏规则，就必须成为"游戏制定者"。从游戏参与者到"游戏制定者"，不仅是格局上的跨越，更是维度上的跨越。无论大小，只要有人设定了游戏规则，其他企业就是在游戏之外思考，使用的是局外思维，一家小店通过优惠吸引客户，和一家大型企业发放股息讨好股东本质上都是通过游戏规则影响别人的行为。而真正能设定游戏规则的人或者企业，可以获取更多财富。

如今，越来越多的企业成为"游戏制定者"，比如阿里巴巴、腾讯、百度、京东等，这些企业在各自的领域内对商业模式进行了重新定义。真正的"游戏制定者"，不应"强取豪夺"，而应给人们提供更好的生态，借助游戏规则实现利益共享。

12. 商业最大的成本：时间

[战略点睛]　商业上最大的成本：时间。

俗话说："寸金难买寸光阴。"时间是世界上最值钱的东西。如果按照天数换算一个人的生命，人的一生大概有三万多天。但是不要忘了，我们还有三分之一的时间在睡梦中度过，另外，还要消耗掉三分之一的时间用来同家人相处。即使在剩余的三分之一的时间里工作，我们还会因为处理琐事消耗掉一半甚至一半以上的时间。最后算下来，我们专心从事一项工作的时间实在少得可怜。

在商业上，很多人认为产品、房租、员工工资是最大成本，大部分行业都是如此，但是笔者认为，最大的成本是时间，由于时间有不可逆转性，同样的5年时间你可以有不同的选择，没有经过规划的5年和规划过的5年完全不一样。

一年之计在于春，春天是万物生长的季节。但是整个春天可供万物复苏的时间可能仅仅只有几天。在这几天里，大多数越冬植物都能够紧紧抓住生命的初心，以最快的速度发芽、生长。人们常说，春雨贵如油。短短的一场春雨就可以"化腐朽为神奇"。事实上，成长的本质就是时间。时间是值钱的宝物，对于商业而言亦是如此。

第二次世界大战刚刚结束后，有一家棉纱厂，棉纱厂的老板叫保罗。保罗是一位非常有商业头脑的人，当然他也希望像许多商人那样能够借助战争复苏带来的片刻"春意"赚到更多的利润，实现自己成为百万富翁的梦想。最初，他的棉纱厂并不大，只有区区22个人，生产设备陈旧，产量有限，营业收入只够勉强运转。

有人建议保罗："保罗先生，虽然资本家的名声不太好听，但是延长工人的工作时长确实可以带来财富，而你只需要支付小比例的报酬。"

保罗可不是这样的人，故意延长工人工时法律不允许，他的良心也不允许。但是这提醒了他，提高员工的单位时间内的劳动效率是亟待解决的一件事。他研究了很久，最终决定把某跨国公司的"计件奖励制度"应用到自己的棉纱厂中。保罗对棉纱厂的22名员工说："兄弟们，从今天开始，如果你们每天多生产相应比例数量的产品，每人每天奖励20法郎，以此类推。"听到奖励二字，员工们非常兴奋，如果每天能够多赚20法郎，一个月累计下来大概就是600法郎，一年累计下来大概就是7200法郎，7200法郎可不是一个小数字。

很显然，保罗的"计件奖励制度"起了非常大的推动作用。很快，保罗的棉纱厂产能提高了一倍。有了钱的保罗，开始谋划下一个阶段的计划。他对生产加工设备进行了升级，然后延长生产线，引进了标准化的生产流程。正因如此，一家传统的棉纱厂开始逐渐向现代化的棉纱公司发展过渡。

　　保罗常常对自己说:"时间就是金钱,提高时间效率,才能创造更大的价值。"保罗为了将这种"时间观念"传播给每一名员工,他开始创建与时间、价值相关的企业文化,力求以文化带动生产。这个方法非常奏效,员工逐渐养成了"自我管理时间"的良好工作习惯。

　　1960 年,保罗的棉纱公司已经发展成拥有 500 名员工、年营业额千万法郎的大公司。保罗实现了自己成为百万富翁的梦想,也给公司和员工留下了宝贵的财富。

　　国内有一家互联网企业是"时间管理理念"的推广者。何为"时间管理理念"呢?人们都知道统筹法,所谓统筹法就是把相关的事情按照时间顺序或者主次顺序进行排列,然后按照时间轴把事情进行逐一解决的方法。"时间管理理念"与统筹法有相似之处,它有四项强调。第一项,强调备忘录与记事本,强调人与时间的协调与配合。第二项,强调时间规划的重要性,将时间与行动相结合,将行动与绩效相结合。第三项,强调时间规划的重要性,即按照时间长短制订短期规划、中期规划、长期规划,依照规划办事,大大提高执行效率。第四项,强调人的态度,即人与时间的关系,人如何利用时间,如何把时间看成一个"能量器"激发人的劳动能效。如今,许多企业将时间管理纳入企业管理范畴,借助绩效考核员工,形成独特的绩效考核体系,大大提高了利用时间的效率。

　　另一个与时间相关的概念"机会成本"也被提了出来。什么是"机会成本"呢?简单来说,"机会成本"就是因从事某项经营活动而放弃另一项经营活动所产生的各项成本。我们也可以把"机会成本"看成一种"替代成本"。当然,"机会成本"并不能直接用金钱来衡量。对于一个人来说,机会就像时间一样宝贵。如果机会像沙土一样多,处处都是机会,那么这样的机会也就不是机会。机会是一种稀缺资源,它的稀缺性决定了它的价值。除此之外，机会还是一种能量源。这种能量源像时间一样，是一种可以开采的、流动的东西。只有珍惜时间的人，才能够抓住机会，并将机会转化成收益。

有位哲人表示，谁对时间最吝啬，时间对谁越慷慨。要时间不辜负你，首先你要不辜负时间。放弃时间的人，时间也在放弃他。时间是最宝贵的财富，也是商业环境中最大的成本。

13. "不按规矩出牌"的智慧

[战略点睛] "不按规矩出牌"的核心是知道什么是规矩。

当人们听到"不按规矩出牌"这句话时，就会产生一种不好的联想，比如破坏规矩。通常来讲，破坏规矩的人总会给人一种不循规蹈矩的感觉，这类人既聪明又危险，如果从事商业经营，有可能会触及道德和法律底线。如果从"社会公众价值观"出发，循规蹈矩、遵守客观规律才是一种常规做法。

斗地主没有规定先出哪一张牌，打麻将也没有规定怎么打一定会赢，但是你要在大家遵守的规则内玩这个游戏。标题所说的"不按规矩出牌"不是破坏规矩，而是知道常规的方式，却不用按照常规的方式出牌……

随着社会的发展，人们的思想观念不断开放，敢于创新就成了这个时代的标志。打破固有模式，不按套路出牌，才能于激烈的市场竞争中觅得生存机遇。甚至有人说："套路不是一个好东西。"从某个角度讲，套路就是一种循规蹈矩，一种"按照规矩出牌"的方式。首先，套路是缺少变化的，是一种可复制的模式。我们常常用"套路"二字形容那些缺乏创新抑或老调重弹的做法。其次，套路是一种熟练的经营思路，按照某个套路，可以节省不少精力。但是这种套路存在的问题是，一旦套路出错，在没有及时纠正的情况下，会酿成不可挽回的苦果。最后，套路给人一种"不思进取"的保守感，形成一种套路也就会形成一种固化思维。事实上，当今许多行业都在沿用行业内的套路，甚至连商业模式都如出一辙。

在电商、微商大行其道的今天，有一些人似乎敏锐地感觉到，实体店的春天即将结束。"新零售"将会给实体行业带来巨大冲击。此时，大多数人都能感受到，只有接受互联网思维，按照线上的商业规矩出牌，才能够带来新经济。但是有些人偏不信邪，他们固执地认为实体店的春天才刚刚开始。

有一位"80后"创业者小徐，创办了一家"宝妈用品店"。事实上，从事"宝妈用品"的商店已经非常多了，就这样开一家实体商店又能取得怎样的突破呢？让我们先研究当下成功电商的几点成功因素。

按照小徐的看法，成功电商的成功因素无非分三个方面：第一方面，快捷的物流，送货上门的服务，免去了人们去实体店选择商品的烦琐步骤，为人们节省了宝贵的时间。第二方面，商品价格有优势，线上商品通常比线下商品价格低10%左右，因此电商在商品价格方面有较强的市场竞争力。第三方面，电商或微商提供了简单、快速、直接的营销体验，让营销变得更加纯粹。

电商固然有电商的优势，但也存在其缺陷。按照小徐的看法，电商不成功的因素也分三个方面：第一方面，售后服务较差，退换货存在较大问题。第二方面，以次充好、以假充真的现象层出不穷，因此许多电商口碑并不好，缺乏诚信。第三方面，电商无法提供现场体验，在"体验为王"的时代里，满足客户的体验也非常重要。

充分分析了电商后，小徐就找到了自己的经营模式。因此，他把自己的"宝妈用品店"打造成一个以"体验为主、营销为辅"的需求功能性实体店。在他看来，互联网只是一个工具和渠道，并不能直接满足客户的需求和体验。客户真正的需求是什么呢？一方面，客户对与之相关的刚性需求产品存在较高的要求，对线上提供的商品存在怀疑态度。实体店有一大好处，它可以向客户展示与刚需产品相关的证书、检验证明、代理权证书等，甚至还可以向客户提供小样体验，打消客户的疑惑。另一方面，实体店可以提供无与伦比的功能体验。"宝妈用品店"不仅营销"宝妈用品"，而且给广大社会宝妈提供免费课堂体验，指导宝妈科学养儿育儿。通过这种互动，小徐与他的"宝妈用品店"不仅成功地生存下来，而且在短短的两年时间内他就开了二十家分店。

小徐这种"反其道而行之"的经营思路也是一种打破固有商业模式的思路。如果延续走电商、微商的套路，恐怕他的店也是"死路一条"。关于自己的开店历程，小徐说："互联网并不能颠覆一切，消费趋势才是颠覆一切的力量。"

有一位商界精英表示：走别人的路，只能永远跟在别人的后面；走自己的路，才能成为领导者。大家都在做，都在争夺同样的资源，这样资源也将面临枯竭。对于从商者而言，既要打破规矩，又要遵守客观规律，才是取胜的关键。

14. 老板最重要的工作：思考

[战略点睛] 老板最重要的工作：思考！

思考，是一个人生命中非常重要的事。如果一个人不会思考，就会越来越愚钝。思考，是人类进化的重要推动力。对于一位老板而言，思考更是头等重要的事。通常来讲，老板才是一家企业的"首脑"，所谓"首脑"，等同于企业思维领航者。有人说："只有老板有超出常人的头脑时，他才能做出超前的预判和决策。"如今，有一些老板却不爱动脑筋，不爱学习。老板要经常思考，而不是每天都过一样的日子，要不断思考如何变得更好，如何完善企业不足，我们所说的老板最重要的工作，是不要蛮干要巧干，不用体力用脑力。

曾经有一家大型企业，生产煤化工产品。早些年，这样的企业是非常吃香的，作为一家能源化工大型企业，只要符合国家政策，坚持遵循市场规律，就能够从需方市场上赚到钱。这家企业的老板姓王，是一位非常有魄力的人。他非常重视员工的职业需求，并且为他们搭建起非常好的职业生涯成长平台。企业经过几年的平稳发展，规模、资产也达到新高。此时有人劝王老板："您不需要再继续费心了，完全可以退居幕后了。"在几位朋友的劝说下，王老板把权力下放，部门、分厂搞"承包"。这样一调整，王老板似乎变成了"包租公"，许多事也无须亲自管理了。

退居幕后的王老板，可谓是潇洒快活。他经常带着家人、朋友游山玩水，甚至连员工都很难见他一面。有人说："王老板已经变成'神仙'了，反正钱已经赚够了，怎么快活就怎么玩。"

但是市场环境风云突变，国内钢铁、煤炭、煤化工等企业开始出现严重的"产量过剩"问题，导致产品价格一路狂跌，王老板的企业也没能幸免。一开始个别分厂开始出现亏损现象，分厂的厂长们坐不住了，疯狂地给王老板打电话请示要如何调整经营策略。王老板虽然有些着急，但是自己也没有好办法。"远离人间"的生活习惯早已养成，他早年养成的爱动脑筋的习惯却早已荒废。

没有好主意，就只能按照"严细管理、倒退硬逼"的传统方法进行管理。员工的收入不断降低，但是相关的管理却越来越严格。有一名员工无奈道："我们的王老板只能用这种管理掩盖经营问题了，这大概也是无计可施的一种表现吧。"企业效益不断下滑，各部门、分厂迟迟交不上承包费，甚至开始伸手向总部要钱。此时，王老板终于坐不住了。他只能临时参加一些所谓的"金牌企业家培训班"求得帮助，但毫无收获。

与王老板的企业相比，有一些煤化工企业早在几年前就实现了战略转型，甚至有的企业彻底甩掉了煤化工的包袱，一跃成了高端精细化工企业，生产的产品利润高，而且极具市场竞争力。王老板看到转型成功的"邻居企业"，甚至有一种"羡慕嫉妒恨"的感觉。古人云："病急乱投医。"王老板也犯了这样的错误，他开始盲目将"宝"押在"提高产能、降低成本"方面，虽然产能上去了，但是产出越多，赔本也就越大。王老板最后只能放手一搏，采取一种限产、关门的策略，慢慢等待煤化工行业的春天到来。

现实中，像王老板这样的老板还有很多。许多人信奉"兵来将挡，水来土掩"，并固执地认为"车到山前必有路"。事实上，老板不能把企业交给"上帝"，而是应该借助自己的智慧牢牢地把企业的生存权握在自己的手里。

老板不是运动员，抓管理、做决策依靠"大脑"，而不是四肢。如果老板并不擅长思考，那他的企业也会受制于他的思维而无法进一步发展。做决策需要思考，做市场预判需要思考，做计划、抓管理同样需要思考，思考才能给老板带来新思路、新想法。有人认为，老板需要三种思维，即团队思维、产品思维、客户思维。团队思维，就是要解决团队建设、人员分配、奖金分配、绩效考核等一系列的问题；产品思维就是解决产品的渠道、产品的价格、产品升级等一系列的问题；客户思维就是如何开发出"客户营销模式"，借助模式营销产品。如果老板不思考，就无法掌握这三种思维。

成功不是靠成熟的商业模式，也不是靠以往的成功经验，成功靠的是老板的头脑以及老板与时俱进的思维。大脑才是最值钱的武器，爱思考的老板才有灵活的大脑。

15. 可怕的"贫穷意识"

[战略点睛] 世界上没有贫穷，只有贫穷的意识。

人类社会自古就有贫穷与富贵的概念。《增广贤文》中有这样一句话："贫居闹市无人问，富在深山有远亲。"贫富之间，似乎存在着天与地的距离。世界上，恐怕没有一个人愿意一生甘于贫穷，金钱上的贫穷让人受制于物质的匮乏，思想上的贫穷让人局限于精神的匮乏。富兰克林认为：贫穷本身并不可怕，可怕的是自己以为命中注定贫穷或一定老死于贫穷的思想。由此可见，世界上没有贫穷，只有贫穷的意识。

古时候有一个叫王五的人，他的家庭非常贫困，甚至可以用"家徒四壁"来形容。王五家里因为穷还闹过笑话，临近过年时，有个小偷翻进王五家的院墙里偷东西，翻了半天竟然没有找到一件值钱的东西，最后只能放弃了。

王五不仅穷，而且非常懒惰。后来，王五经人介绍，又找了一位性格相似的懒媳妇。之后，王五有了一个孩子，为了养活这个孩子，王五只能东借西借，勉强抚养孩子长大。孩子到了上学的年龄，王五实在没有能力供孩子上学，便把孩子留在家中。孩子问王五："别人家怎么这么富裕，而我们家为何这么穷？"

王五解释道："别人命好，我们命不好！命是老天爷安排的，我们是无法改变的。"

王五的孩子年纪轻轻便相信"生死有命，富贵在天"是一个真理。有了这样一种心态，王五的孩子也开始安于贫穷。他也像自己的父亲那样整日游手好闲，虚度时光。

后来，这个地方发生战乱。许多家境良好的人购买马匹、携带家眷，纷纷离开了这里。王五一家连"迁徙"的盘缠都没有，只能躲在自己家里祈祷。直到王五的孩子被抓走当壮丁，王五的妻子才如梦初醒，埋怨道："如果我们多赚点钱，何必落到如此下场？"王五却依旧哀叹道："这一切都是命啊！"

王五就是一个拥有"贫穷意识"的代表人物，他总认为自己贫穷不在于自己懒惰，而在于老天爷的安排不周。现实中，其实许多人都有类似的想法。他们对富人怀抱一种鄙视的态度，总认为比自己富裕的人都是一些不循规蹈矩的人，所赚的每一分钱都是昧良心的钱。还有一些人则逐渐养成一种偏执思维，即"富贵可以丧失一个人的志气，而贫穷可以坚固一个人的信仰"。但事实上，有众多的贫穷者是自卑的、不满的、虚荣的、格局狭窄的。

有一位农村出身的女大学生，大学毕业后南下深圳打工。打工的岁月是艰苦的，也是孤独的。对于一位女大学生而言，贫穷不算什么，只要不甘于贫穷，生活还有希望。因此，她一直保有工作的热情，希望凭借自己的努力可以扎根深圳，成为一名新深圳人。

　　职场中有许多形形色色的人，总有一些戴着有色眼镜的人议论女大学生："像这样的乡下女孩只有两条出路。第一条，嫁给有钱的男人；第二条，回老家工作。很显然，有钱的男人恐怕看不上她喽！"面对这样的讽刺和挖苦，女大学生并没有太当回事。她坚持认为，奇迹就是上帝创造的一双手，自己凭借双手能够创造一切。

　　凭借这种健康的价值观和乐观自信的人生态度，这位女大学生从一名跑市场的普通业务员晋升为业务主管，从业务主管晋升为大区经理，然后辞职创业成立了自己的公司。如今，这位从农村出来的女大学生已经是一家拥有220名员工的贸易公司的董事长。正如某位哲人所言："不要羡慕别人的富，也不要哀叹自己的穷。"

　　对于一位商业人士而言，"贫穷意识"更是极具"破坏性"的。如今，有一些企业领导者刚愎自用，不能用开放的胸怀拥抱变革；有一些企业领导者将目光放在眼前的利益上，甚至为了眼前的利益而损害长远的利益；还有一些企业领导者在企业遭遇发展瓶颈后依旧保持一种"无欲无求"的态度，坐等时代的力量推动企业的发展。这些不思进取、目光短浅、无欲无求的意识都是"贫穷意识"。

　　物质上的贫穷并不可怕，可怕的是思想上的贫穷、精神上的贫穷、意识上的贫穷、境界上的贫穷。只有摆脱关于贫穷的思想和意识，才能富裕起来。

16. 看清世界的"上帝视角"

　　［战略点睛］　拥有"上帝视角"才能俯视众生，站得更高才能看清世界。

　　人们在家庭生活中，或者在职场上，都会遭遇"一叶障目"的情况。

因为一个人难以站在旁观者的角度去审视自己，所以通常无法绕过这个坎。或者说，人们只能看到自己的局部，而不能看到自己的全部。无法正确解读自己，或者无法全面解读世界，就会带来一定的危险。众所周知，经济环境瞬息万变，稍有不慎就会满盘皆输。有一些企业家因视野的问题而错过良好发展的机遇，还有一些企业家因视角的问题而做出错误决策。

前面讲过一个"跳出商业看商业"的故事，只有跳出自己才能脱离局限，进入一个广阔的空间。如果具备"上帝视角"，似乎就能看清全局，做出富有前瞻性的决定。

南方有一家企业，这家企业的老板是一位"海归"。这位老板说："十多年的海外从业经历，让我更能够准确把握商业本质。"这位老板创业伊始，赶上了中国的互联网大潮。在许多人还不知道互联网为何物的时候，他便对自己的企业进行了互联网布局。

2000 年年初，中国互联网商务平台如雨后春笋般成长起来，甚至给人一种百花齐放、百家争鸣的感觉。在互联网的春风下，这家企业也拥有了自己的商务网站。客户可以通过网站实现合同签订、产品下单；供应商则可以通过网站进行原料投标、合同签订。商务网站提升了企业的职能效率，而且帮助企业进行了推广宣传。

这家企业的老板认为，"上帝视角"对自己而言，在于两个方面的改变，即看待世界的高度和角度。

看待世界的高度，即"远观"。我们都知道，站得高才能看得远，有了高度，才有俯视的范围。如果一个人能够提升自我高度，在学识上、境界上、经验上都能有所突破，自然会形成一种"上帝视角"。这个"视角"即高度，有了高度，也就有了认识世界的维度。我们以客户的需求维度为例。客户的需求同样符合马斯洛的需求层次理论，因此就有"需求之需求"。针对客户不同维度的需求，企业才能够设计出不同的产品和服务，如果用一个概括性的词语来形容，那就是"适应"。

看待世界的角度，即"近观"。当然，这里的"近观"与上面的"远观"是相对的，并不是绝对意义上的比较。善于从多个角度看待、分析问题，我们就能看清事物的原貌与本质。企业家在经营管理过程中，会发现许多问题，比如劳动效率的问题、执行力的问题等。从表面上看，这些问题是"人"的问题，但实际上是管理出现了问题。通过这种多角度的"近观"，企业家应对人力资源进行重新审视，对管理进行重新调整，健全绩效管理制度，为员工建立"职业生涯管理平台"。通过改进，企业可以解决一部分"人浮于事"的现象，并且能大大提高劳动效率。

现实中，这样的成功企业有很多。与"上帝视角"相对的视角叫"凡人视角"。顾名思义，"凡人视角"就是站在普通人的高度和角度解决问题。"凡人视角"都有哪些特点呢？

第一，思想保守。普通人往往是保守的，这种保守来自对自身安全的需求。许多人都有"一招输满盘输"的忧虑，担心成为企业或组织的"罪人"，宁可做一个保守的不出错的人。

第二，目光短浅。普通人通常会犯目光短浅的错误，因此在判断事物或者处理事物方面，只能做足表面功夫而无法"治病去根"。另外，短视行为往往与"眼下利益"挂钩，最后容易"捡了芝麻，丢了西瓜"。

第三，不善变通。人通常是固执的，有一种"以不变应万变"的固化思维，这种思维到底是好是坏呢？我们常常用"善变"形容一种聪明做法，"变"的目的是适应社会，"不变"的目的也是适应社会。拥有"上帝视角"的人往往更善于变通，因此他们总能够在日常工作与生活中发现规律，并跟着规律、依照规律去改变。

第四，格局有限。就像下棋那样，下棋的招式永远是有套路的。有些人承认自己的格局有限，但是迟迟突破不了自己的瓶颈。换句话说，这是一种懒于思考的表现。拥有"上帝格局"的人更习惯通过不断地思考、求变、跳出来，不断提升自己的格局。

"上帝视角"并非"上帝"才有，它只是一种思考问题、看待问题的视野和角度。读万卷书，行万里路。不管是广读还是远行，只有拓宽自己的视野，才能具备"上帝视角"和变化的能力。

17. 好产品不等于好公司

[战略点睛]　一个好产品不等于一家好公司。

一家成功的公司，通常有许多的成功秘诀。比如美国某科技公司的成功秘诀是为客户提供无与伦比的服务体验，而另一家护肤品公司则完全是靠过硬的产品和品牌效应，日本有一家公司的成功秘诀是渠道。当然，每一家公司都有不同的成功秘诀，但是单一性的好产品并不能让一家公司过上好日子。好产品仅仅是成功秘诀中的一个元素而已。

产品卖得好、公司利润高、客户口碑好，才是公司发展的基石，商业模式可以改变很多东西，但是改变不了产品，产品质量好是应该的，产品好配上好的商业模式，才是一家好公司，所以才会有那句俗话"好产品不等于好公司"。

有一家老字号公司，该公司主要生产手工工艺品。管理者老吴也是工匠出身，公司生产的产品都要经过他的严格把关才能出厂。因此，这家老字号生产的手工工艺品质量卓越、工艺精湛，被评选为消费者信得过的名优产品。

俗话说："产品质量决定公司的命运。"多少公司严守质量关，就是为了守住自己的生命线。凭借其过硬的产品质量，该公司在业内有了相当大的知名度，产品销到了全球 28 个国家，该品牌的产品也受到了消费者的广泛赞誉。

按理说，如果按照这样的方式坚持下去，这样的公司将会取得巨大的成功。然而，决定市场成功与否的关键因素并非只有产品，还有许多其他因素。许多人看到该公司靠产品赚到了钱，也纷纷进入了传统工艺品加工行业。甚至连公司内的员工也偷偷在家开作坊、卖产品。很快当地有了 23 家传统工艺品生产公司，假冒老字号商标的小作坊，恐怕也有很多。

众所周知，假冒商品之所以能够"横行于市"，就是因为其价格极其低廉。老字号公司生产的一款"四君子"刺绣工艺品，价格为 1860 元，而高仿"四君子"刺绣工艺品的价格仅为 550 元。许多购买者并不是"内行"，他们只关心产品的价格。一位消费者曾说："我买它是用来装饰的，又不是用来收藏的，何必要花这么多钱呢？"而且，随着工艺技术的提高，许多冒牌货的质量也有了突飞猛进的提高，甚至敢于向"正品"叫板。

在这种前有狼、后有虎的夹击下，该老字号公司的效益开始严重下滑，甚至到了"产品卖不出去"的地步。此时有人向老吴建议："我们也用机器生产产品吧，价格便宜质量好，关键是有市场竞争力。"但是老吴立刻否决了这个建议，他认为：工艺品一定要体现手工艺，机器永远代替不了手工。宁可看着这家公司关门，也不想让老手艺就此失传。

老吴退休之后，一位姓林的年轻人成了这家老字号公司的管理者。小林现代气息很浓，他虽然不是工匠，但更懂得企业管理。小林上任之后做的第一件事，就是打了一场"品牌保卫战"，不仅对工艺品进行了工艺产权的申请，而且对假冒公司进行了法律起诉。通过这个办法，市场上约一半的同类假冒商品消失了。

小林做的第二件事，就是对目标市场进行重新定位。以前，该公司只生产高档手工艺品，价格贵，产量低，并不能满足"全市场"的需求。因此，小林对目标市场进行重新定位后，推出了高中低三个档次的产品，既有高档纯手工艺品，也有高性价比的机器手工产品。这个做法一下子就解决了"产品—市场"的问题，满足了各类客户的需求。

小林做的第三件事，就是对营销渠道进行了重塑。过去，该公司的营销模式非常单一，仅借助营销网点进行线下营销。如今，该公司有了自己的网上旗舰店，借助"线上—线下"互动的方式大大提高了工艺品的销量。

如今，该老字号不仅是生产商，还有了自己的"工艺培训学校"。小林认为：一家公司要以管理为中心、以品牌为核心、以文化为重心，才能长久地发展下去。

产品质量好，只是其中一个方面的"好"，并不代表一切都"好"。有一个人去商场买皮鞋，他来到一个品牌柜台前，导购员向他推荐一款折扣款："先生，这款鞋现在打六折，头层牛皮皮鞋，穿到脚上既舒服又透气，您不妨试试？"这个人试过之后连连摇头说："穿着倒是挺舒服，就是款式过时了。"后来，导购员推荐了一个新款，但是没有折扣，售价2499元。这个人还是摇头："太贵了，我还是再转一转吧。"

一款产品包含着许多属性，比如产品的质量、产品的包装、产品的款式、产品的价格以及产品自身的定位，这些属性共同决定着产品的购买体验。当然，这只是针对一款产品而言。另外，一家公司的品牌推广、文化建设、广告宣传等也会对产品营销有直接的影响力。因此，好产品并不等于好公司，但是好公司一定拥有好产品。

18. 可塑性商业思维

[战略点睛]　大脑是任意的，思维是可塑的。

有人把大脑比喻成"思维宫殿"，大脑像一个宇宙空间，里面藏着无限的秘密。一个人终其一生只能开发不到20%的大脑，剩余80%以上的大脑仍处于待开发状态。由此证明，人的大脑有无限的潜力。如果用一句话来形容，那就是"一切皆有可能"。

江苏卫视有一个大型真人秀《最强大脑》，各方选手进行脑力PK（对决)，让观众感到十分惊奇。大脑，并不是一个容器，它只是被一个所谓的"容器"盛放。但是，这并不能说明人的思维也被局限在一个容器里。一个自卑的、自认为记忆力存在缺陷的孩子，受到鼓励之后，也会爆发出强大的记忆力，在短时间内能够记住并背诵多首唐诗。大脑就像一个谜，它也能够给人带来无限可能性。换句话说，如果我们能够让自己的大脑"运动"起来，就可以对自己的思维进行重塑，并将这种思维成果运用到商业经营中。

大脑里的世界是一个"二次元"的世界，它具有可塑性和延伸性。长久以来，人们固执地坚持"三岁看大，七岁看老"的观念，认为一个孩子在七岁的时候，性格、习惯、思维等就已经成型，真相果真如此吗？这个观点遭到了极大的颠覆，颠覆它的原因是人们对"神经可塑性"现象的发现。著名的心理学家威廉·詹姆斯在《心理学原理》中表示：有机物质，尤其是神经组织，似乎具有特别的可塑性。一个人遭遇车祸，脑部运动神经元遭到破坏，就会丧失部分运动功能，比如走路摇摆等，但是经过长期的康复治疗和自信心重建，这些人的运动障碍会得到很大程度的缓解。如果换成一名企业家，在反复练习与强化下，他的思维也会得到重塑，继而开发出新的企业经营思路。

　　美国有一位叫约翰逊的老人，他开了一家二手汽车交易公司。在开公司之前，约翰逊曾经坐过十年监狱。约翰逊认为：对于大多数有过牢狱生涯的人而言，出狱后的迷茫会再一次毁掉他，让他有可能重新回到监狱中。许多人不理解为什么会这样。其实很简单，牢狱生涯很难给一个人独立思考的时间，僵化的人脑让一个人无法面对陌生的生活。当然，这仅仅只是针对一部分人而言，约翰逊与大多数人不同，他即使在狱中也坚持思考、读书和记笔记的习惯，这种良好的习惯在他出狱后也得到了很好的延续。

　　出狱后，他从事过许多职业，比如清洁工、零售商店店员、看门人、演员经纪人等，不同的职业都能给他带来不同的思考。后来他有了积蓄，看到美国有广阔的二手汽车市场交易前景，便开了一家二手汽车交易公司。

　　约翰逊虽然已经六十岁，但是他的大脑像年轻人一样。他记忆力惊人，几乎对每一名光临过公司的顾客都存有清晰的印象，他能够在第二次遇到该顾客时准确切中该顾客的真实需求，并有针对性地推荐相关款式、价格的二手车。另外，约翰逊非常诙谐幽默，却又逻辑严谨。许多顾客都喜欢他的这种健谈性格，认为他乐观又充满智慧。但是其实约翰逊在入狱之前，是个极度自卑、性格内向、不善言谈、吐字不清的人。

　　语言的进化，性格的改变，大脑思维的强化，都源自约翰逊长期以来对大脑的刻苦锻炼。有一些口吃的人，通过练习改善自己的语言表达能力，甚至能达到普通人难以达到的高度。同样，一个人只要不断思考，养成爱思考的习惯，就可以借助思考的方式找到真理、悟出真谛。另外，得到重塑的大脑有一种"反哺"功能，它能够不断地提升一个人的眼界，开阔一个人的思路，继而让一个人跳出自己的框架，进入一个全新的知识领域。对于故事中的约翰逊而言，十年牢狱生涯并没有隔绝他与世界的关联，反倒让他自出狱后的第一天就融入进了新世界。这种看似不可能发生的奇迹，竟然真的发生了。

经过大量临床研究，科学家们发现大脑可塑性分为两个类型，即功能可塑性和结构可塑性。功能可塑性特指大脑未开发区域的转移能力；结构可塑性特指大脑在学习中改变物理结构的能力。这两大能力，一种是思维能力，一种是记忆能力。强大的思维能力，不仅能够巩固一个人的"刚性"意识，还能够启发一个人的"柔性"思维。强大的记忆能力，甚至可以为一个人的思维提供"代偿"保证。由此可见，一个人的思维得到了重塑，境界得到了提升，商业头脑也会更加发达。

19. 商业模式是一套完整的逻辑

[战略点睛] 商业模式是一套完整的逻辑。

说话有说话的逻辑，做事有做事的逻辑，逻辑就像一种规律，内置在某一种哲学里。当然，商业模式也有自己的一套哲学，抑或一套完整的逻辑。商业逻辑，就是一个商业组织通过一系列活动实现的结果。国内有一位著名的企业家对商业逻辑的解读是：商业逻辑就是一套商业办法，凭借这套办法就能够把企业带到非常高的位置上。

当然，一个概念可以有许多不同的解释。商业逻辑可以是一个商业规律，也可以是一套行之有效的管理办法，还可以是一套符合客观事物发展规律的理论或者套路。按照这套逻辑去经营，才不会出现严重的经营偏差或错误。一套创新的思路，要看它是不是符合商业逻辑。如果它是符合商业逻辑的，通常就会为人们开辟一个新思路；如果它是不符合商业逻辑的，想必就会导致失败。

有一位年轻人，他想开一家特色饭店。如果按照正常的逻辑，他应采取以下四个步骤：第一步，对区域内的消费者进行调查，调查消费者的消费能力、消费方式、消费习惯等；第二步，科学选址，找一个人流量大、滞留量也大的位置，位置决定饭店的人气；第三步，招聘员工，比如厨师、配菜员、服务员、收银员等；第四步，确定菜单、菜价。按照以上步骤去做，就能把饭店开起来。但是这位年轻人没有按照这套逻辑去做，他认为自己可以解决一切。

他飞速地找了一个地方，没有评估，就预付了半年租金。然后才开始招聘员工，确定菜品等。饭店开业之后，他发现周围的人对他的饭店并不感兴趣。于是他找到自己的好友，向好友取经。好友对他说："你的菜，口味没有问题；菜品价格，也能够接受。唯一的问题是，你的饭店的风格，难以被周围的消费者接受。"

年轻人继续追问："既然口味、价格都没有问题，为何消费者接受不了？难道我长得不好看，把消费者吓走了？"

朋友解释道："你在一个以中老年人为主的区域开了一家日式料理店，恐怕是不会有什么市场的。你看周边比较旺的饭店，几乎是清一色的'传统菜式'，西餐店反倒开一家倒一家。"

朋友的话让年轻人明白了两件事：第一件事，消费者的需求最重要，要符合消费者的需求逻辑；第二件事，饭店的定位非常重要，如果定位不准，就会给人造成错觉。年轻人为自己的"特立独行"付出了商业代价，白白赔掉了半年的租金和相关的费用支出。

可能有人担心地问："如果按照正常的思维逻辑去理解，是不是我们不能'反其道而行之'，只能够按照既有套路去经营呢？这样做，会不会发生模式上的碰撞，带给人一种千篇一律的感觉呢？"事实上，符合逻辑的东西并不是"刻板"的，就像把水变成冰的过程可以有许多种，但这些过程都遵守同一条物理规律。有句话叫"万变不离其宗"，就是所有的变都围绕着一个规律。变，就是人们可以求变的东西；不变，就是人们需要遵守的规律性的东西。通常来讲，符合逻辑的商业模式必须包含以下几个元素。

目标客户。目标客户的需求是商业发展的动力。因此有人说："客户需求决定商业发展。"

客户痛点。能够解决客户的痛点，就能够抓住客户。商业存在的一个原因，就是解决客户的痛点。

客户关系。商业模式是一种基于"企业—客户"关系的模式，这个模式是一种"互通"的模式。客户关系，就是商业模式的基础构架。因此，绝大多数的企业都应把客户关系放在重要的位置上。

产品定位。服务也是一种产品，产品定位等同于"产品与服务"的定位，它包含若干方面。对产品合理定位，就是要让产品符合客户的多维度需求。

资源配置。一个商业组织的发展，离不开合理的内部资源配置和外部资源调动，资源是商业发展的"发动机"。

商业成本。有人可以不计成本做一件事，但是绝不可以不计成本地去做商业经营。商业的根本是盈利，不以此为目的的商业活动只能划到公益、慈善或者个人行为活动的范畴中去。

收入模式。商业的目的就是"营收",收入模式就是一种"渠道",要借助各种"渠道"打通"营收"路径。

当然,商业逻辑的元素远不止以上几个。它还需要广大的商业从业者思考、挖掘、实践,找到商业逻辑和价值规律。只有这样,才能做好商业经营工作。

20. 商业"适者生存"法则

[战略点睛] 适应变化就是最好的进步。

我们都知道达尔文的进化论,它解释了"物竞天择"的进化规律。人类世界,同样也是一个"物竞天择"、竞争激烈的世界。英国《金融时报》曾经在某全球企业榜单系列报道中如此写道:"物竞天择,适者生存。《金融时报》的全球500强企业排行榜是达尔文进化论在资本主义社会中的真实写照。"

如今,商业市场的竞争非常激烈,甚至有这样一个观点:如果你没有找准正确的商业模式,公司的生存时间最长不超过三年。这也从侧面印证了商业的"三年"寿命论。还有一种观点更加有趣,国内某知名企业家认为:经营企业就像给一名癌症患者治病,如果手术成功,"癌细胞"没有扩散,十有八九可以"活"过五年,说不定还能长期生存下去;如果手术不成功,"癌细胞"扩散了,甚至连一年生存期也熬不过去。由此可见当下商业市场的竞争激烈程度。

竞争失败的企业会自动退出市场,竞争成功的企业就会留下来。但市场瞬息万变,如不适应,也会面临淘汰的窘境。我们常常把一家企业比喻成一个孩子，孩子能否健康长大、是否具备生存本领，与他早年的学习积累、人生定位、人生态度等息息相关。如果用孩子的成长去对应一家企业，一家企业则需要正确的经营理念、肩负企业发展责任的人才、极具竞争力的产品或服务、有影响力的品牌及社会担当。

国内有一家化工企业，是某县的龙头企业，肩负着非常重要的社会责任。企业老板姓刘，军人出身，身上有一种"敢打敢拼"的军人气质，因此他也将"军事化管理"引进到企业管理中，产生了非常好的管理效果。

在他看来，一家企业需要有三大核心竞争力。第一种竞争力是"管理竞争力"，刘老板将军事化管理与精细化管理相结合，形成一种独具特色的管理理念，这种管理理念既先进，又符合时代潮流。第二种竞争力是"人才竞争力"，如果一家企业没有人才，就会逐渐丧失"造血"能力。因此有人说："二十一世纪，最值钱的是人才。"人才的质量和数量，决定了企业未来发展的高度和广度。第三种竞争力是"产品竞争力"，产品是一家企业的"生命线"，如果产品竞争力不强，就会被其他企业的产品所取代。

当然，经营一家企业需要一整套哲学，并不像想象中那么简单。刘老板认为：三大核心竞争力非常重要，但还有一个同等重要的，就是战略眼光。早在几年前，该企业就意识到"企业与环境"之间的重要关系，因此该企业早早就确定了"环保理念"，即通过环保设备降低排污能力，通过提升工艺降低产能能耗，通过环保文化树立环保形象。该企业斥资5000万元对企业的环保生产设备进行升级，提前几年就把环保工作落实到位了。近几年，不少企业因环保问题、产能问题而紧急关停，这家企业却进入了发展快车道。

与时俱进是一种时代精神，同样也是一种"适者生存"的方式。随着互联网技术的发展，这家化工企业也将互联网思维引入进来，建立起一种更加适应时代发展的"产销模式"和"人力资本模式"。借助新思维、新模式，该企业实现了全面升级。

这是一个成功企业的故事，这样的故事还有很多。与时俱进就是一种"适者生存"的表现，同样也是一种适应市场的表现。众所周知，达尔文的进化论中有这样几个关键词：遗传、变异、生存斗争。

随着竞争越来越激烈，优秀的淘汰不够优秀的，先进的淘汰落后的。无论是在理念上、模式上，还是在技术上，随着社会不断进步，总有很多企业脱颖而出，也总有一些企业如生物进化过程中被淘汰的物种一样消失了。

所谓遗传，就是一种"遗传基因"，这种基因对于企业来讲，等同于企业的各种管理能力。红杉资本主席迈克尔·莫里茨认为：一家企业的基因早在它最初的18个月就被决定了。此后企业不可能再有什么大的改变，它的基因如果对，它就是一块金子；如果不对，它将难有未来。

所谓变异，等同于一家企业的创新变革能力。我们都知道，时代处于不停变化的状态，这就需要企业跟随时代一起变。创新变革的目的是适应时代，而不是哗众取宠。

所谓生存斗争，就是一种企业的竞争力。企业的竞争力有许多表现，比如产品的竞争力、人才的竞争力、渠道的竞争力、资源的竞争力、管理的竞争力、品牌的竞争力、文化的竞争力等，具备这些竞争力，企业才能在竞争市场中取得有利位置，成为"自然选择"的幸运儿。

人、企业以及其他所有的自然生命，都要去适应时代的变化。生存法则是一种残酷的法则，却是一种真正令人受用的法则。

21. 懂"消费哲学"才能创造消费

[战略点睛]　商业从业者懂"消费哲学"，消费就会被创造。

消费的历史与人类的文明史是一起谱写的，有了人类文明，也就有了与文明相关的各种消费，比如衣食住行、科教文卫等。人们离不开消费，社会同样也离不开消费。消费的本质是满足人类的各种欲望和需求，欲望和需求又是推动社会前进的动力和源泉。甚至有人用消费能力对比一个地区的社会文明程度和富裕程度。消费能力越强，人类的物质生活与精神生活也就越富裕；反之，人类的物质生活与精神生活也就越贫穷。

马克思认为：人从出现在地球舞台上的那一天起，每天都要消费，不管在他们开始生产以前和生产期间都是一样的……消费这个不仅被看成终点而且被看成最后目的结束的行为，除了它又会反过来作用于起点并重新引起整个过程之外，本来不属于经济学的范畴。严格意义上讲，消费是一种实践行为，一种人类社会存在的证据。或者说，消费本身就是一种哲学。如果在消费的层面加上哲学，就是给消费做了提炼，提炼出消费者的行为动机、心理需求等，我们也要知道，在消费层面，万变不离其宗的"宗"是什么。掌握或了解它，消费就可能被引导出来，如"双11""京东6·18购物节"等热点，就可以引导消费，制造新的消费热点。消费者就是消费群体的代言人，消费者通常有以下几个特点。

（1）自我性。

所有的消费者都是自我的，消费本身就是在满足自我的物质需求和精神需求。比如，一个人饥饿就会产生购买食物的需求，一个人生病就会产生看病的需求，一个人有怎样的需求就会尽最大可能去满足自己。消费是一种社会行为，更是一种个人行为。我们通常把消费者当成"上帝"，事实上消费者正如"上帝"一般推动消费的产生，通过消费拉动商业的产生。另外有些人则认为：消费体现社会阶层。消费不仅带有明显的阶级性，而且清晰划分了目标客户市场。

（2）消耗性。

消费的另一面是消耗，就是把一部分能源转化为可使用、可穿戴的商品。煤矿主开采煤矿、生产销售煤炭的目的，就是解决消费者的燃煤需求，比如生火做饭、取暖发电等，消费拉动了资源开发，资源开发就意味着消耗。但是"消耗"一词并不是一个贬义词，如果人们能够正确处理资源开发与资源保护之间的关系，就能形成一个良性循环。消费也给资源开发者或商品生产者提供了一个方向，即消费的普遍性带动与之相关的资源开发。

（3）片面性。

有时候，人们用"欲壑难填"来形容某些人的消费观。事实上，不理性的消费或者过度消费、超前消费已经成为社会中的常见现象。那么这样的消费现象是否是正常的消费现象呢？很显然，答案是否定的。我们常常听到一个概念，即理性消费。理性消费，就是人们满足自己的理性需求、健康需求，通过满足需求提升人的物质生活质量和精神生活质量。现实中，许多人为了满足无限的欲望而走上一条"消费不归路"，这条不归路通常引向道德的背面。对于广大商业从业者而言，引导消费者理性消费、科学消费、适度消费，才是保持人类消费市场长期稳定发展的前提。

（4）社会性。

消费是具有社会性的，消费者作为一名社会人具有社会属性。商品和服务，通常极具社会色彩，或者说有什么样的社会，就有与之相匹配的消费。社会消费心理也被称为消费者的社会心理动机，是因社会生活实践需求而激发出一种关乎社会生存、社会发展、社交、家庭伦理的消费心理。另外，德国统计学家恩格尔发现，随着人类总体收入日益提高，食品在总消费中所占比例开始下降。国际粮农组织按照恩格尔系数的高低排序，将消费阶层划为五个层次，即最贫困阶层、勉强度日阶层、小康阶层、富裕阶层和最富裕阶层。对于我国而言，国家提出全面建成小康社会也会对社会性消费起到拉动作用。

　　消费者具有以上四个特点，这对商业从业者提出了要求，即商业从业者既要生产出满足消费者相关需求的产品和服务，为消费者提供更加人性化、个性化、舒适化的消费体验，还要肩负起"科学引导消费"的责任和使命。只有这样，商业从业者才能培养并建立良好的社会"生产—消费"环境，推动消费健康发展。

PART 2
商业模式改变世界

1. 从"游戏结束"到"游戏开始"

[战略点睛]　以前卖出东西是"游戏结束"；现在卖出东西，"游戏"才刚刚开始。

商业的本质是盈利，带动盈利增长的方式是营销。因此，绝大多数的商家会把营销工作放在首位。营销，简单来讲就是卖东西，商家把商品卖给消费者的过程就是营销过程。

传统营销方式是商家将产品卖给客户，就等同于"游戏结束"。菜贩在农贸市场摆摊卖菜，然后把青菜卖给消费者，这样的营销过程可以简化为"一手交钱，一手交货"。消费者买了青菜，多半不会因为菜的质量、价格再跑一趟农贸市场去调换，也就意味着在"一手交钱，一手交货"的那一刻，整个营销活动就已经结束了。传统营销，特指这一类没有售后的营销，或者社会中"一锤子买卖"的交易现象会证明卖出东西是"游戏结束"这一观点。当然，"一锤子买卖"是一种目光短浅的商业行为，隐含着缺乏诚信、以次充好、服务较差等。

还有一种"游戏结束"的营销，是一种没有客户关系维护的营销，客户买过一次产品，因为企业缺少相关服务，致使客户流失。现实中，这样的案例也非常多。

如果卖菜的商家在卖菜后，再给一个购物券，告知顾客下次买菜买够

100元可抵用5元，或者在卖菜后要到顾客的微信号，之后不断推荐新菜或者提供送菜上门服务，这个"游戏"不但没有结束，相反，才刚刚开始。

北方有一家变压器厂，这家变压器厂的生意可以用"惨淡"来形容。变压器厂的老板常常思考：究竟为什么迟迟无法打开营销局面呢？事实上，该变压器厂的产品质量过硬，甚至还是"消费者信得过产品"。按理说，只要产品过硬，就不愁销路。

该变压器厂的一名员工说出了实情："我们公司的营销策略太过死板，几乎还是采取'一手交钱，一手交货'的营销策略，就像在菜市卖菜。这样的营销策略太落伍了，根本就是一种过时的营销。"变压器厂的老板认为，"一手交钱，一手交货"虽然传统，但是可以减轻财务压力。这位老板固执地坚持自己的营销策略，坚持自我利益优先，正因如此，众多客户感受不到企业的诚意，合作了几次之后便果断选择其他合作伙伴。

后来，这家变压器厂的老板换了人。换了老板后，企业换了一种运营模式。新老板建立了"客户维护系统"，开始重视客户诉求。新老板认为：客户是企业的命根，想要延续企业的寿命，就要重视客户的想法。为了了解客户的诉求，该企业向客户发放营销意见表格，整理并归纳了四条重要建议：第一条，在营销过程中体现客户的让渡价值，言外之意就是让企业给客户足够的优惠；第二条，针对大客户建立互惠互利的合作关系，而不仅仅是有利于自己一方；第三条，产品价格随行就市，根据市场行情随时调整产品的价格；第四条，建立售后服务机制，提升营销后续的服务质量。

变压器厂的新老板是个头脑非常灵活的人。他按照客户的要求调整了产品营销策略，并适当采取让利的方式吸引客户签订长期合同。

长期合同等同于长期稳定的供货，这种营销方式有别于"一锤子买卖"，是一种循环的营销方式。这种营销方式，没有"游戏结束"，只有"游戏开始"。变压器厂一改往日保守死板的经营管理模式，一下子就提高了变压器的销量，继而盘活了客户资源。

从"游戏结束"到"游戏开始"，更多在于营销思维上的转变。如今，越来越多的人认识到"循环营销"的重要性。所谓"循环营销"，就是把营销做成一个"循环装置"，一旦"游戏开始"，便进入一个往复循环的状态。当然，还有一些人及一些商业组织会搭建一种"营销生态环境"，借助一种生态去营销。国内某公司搭建起"产品—服务—平台—服务—产品"模式，该模式就是借助平台，将产品和服务串联起来，形成一种生态环境。如果一名消费者购买了该公司的产品，就会享受到该公司平台提供的终身服务。产品出现故障，消费者可以选择维修或者更换产品。该公司提供的产品是一种"升级换代"产品，通过升级换代不断提升消费者的服务体验。因此，该公司培养了一大批"终身客户"，"终身客户"的出现即"循环营销"模式的体现。

互联网时代是一个共享时代，与消费者共享自己的科技成果，是建立营销体验的主要方式。另外，"一锤子买卖"显然不符合互联网时代的发展潮流。"商业游戏"不仅是一种游戏，而且是一种体验。满足客户的体验，才能建立起"循环营销"模式。对于互联网时代的商家而言，"卖出产品即游戏开始"的模式才是极佳营销模式。

2. 商业奇迹："可复制的逻辑"

[战略点睛]　商业模式是可以复制的；你完全可以用它创造出奇迹。

如果一个人想要画一个葫芦，便可以摘下一个葫芦，沿着葫芦的轮廓在纸上成功画出葫芦的形状。虽然这样的"临摹"无法给人带来愉悦感，但起码还会有葫芦的形状。以此类推，"临摹"或者复制，都可以起到类似的效果。

当然，还有一些人是"拿来主义"的忠实信徒。事实上，"拿来主义"并不是一种不好的习惯，借鉴别人优秀的理念来丰满自己，也是一种进步！某企业在经营方面遭遇瓶颈，企业老板去培训班学习了成熟的、成功的经营模式，然后借鉴并改造了企业管理模式，从而取得了不错的成果。值得提醒的是，"拿来主义"并不是拿过来就用，而是需要辩证使用。我们知道，器官移植的最大风险是"排异反应"，如果解决不了"排异反应"，就会造成严重的后果。辩证的目的就是降低这样的"排异反应"，辩证的过程就是一个"移植配型"的过程。所以说，"拿来主义"是一种辩证的实用主义，它不能脱离实际去复制、应用。

国内某知名医药公司，主要生产各类常见药，尤其以抗生素药物为主，并且有一定的市场占有率。进入21世纪后，该公司的建设发展速度迅速变缓，市场占有率逐年下降。有句话说："如果出现了不好的苗头，就需要引起高度的重视。"言外之意，这家公司需要重新思考企业管理的问题、产品的市场定位问题、营销渠道的问题、生存竞争的问题。

以头孢拉定胶囊为例，市面上常见的品牌有上百种，其药效、功能基本相当，但是价格差却非常明显。同等剂量包装的头孢拉定胶囊，有些品牌售价为20元，有些品牌售价不到15元，甚至还有个别品牌价格更低或者更高。因此，商品的包装和定价就显得尤为重要。虽然这仅仅是单个产品的问题，但是当无数个产品问题放在一起，这个简单的问题就会变成一个复杂的问题。解决产品市场的定价、定位

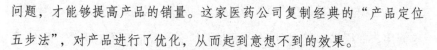

问题，才能够提高产品的销量。这家医药公司复制经典的"产品定位五步法"，对产品进行了优化，从而起到意想不到的效果。

企业竞争力下降还有一个原因，就是研发滞后。俗话说："创新是原动力。"如果一家企业没有了创新精神，就如同一个人失去了"造血功能"，严重的"贫血"将会危及企业的生命。因此，如何加大药品的研发速度也是该公司需要马上解决的问题。按照既往经验，该公司扩大研发规模，引进科研人才，并且与国内外知名大学进行合作，为科研注入重金。为了快速缩小与其他优秀公司的差距，该公司斥资购买相关专利，也起到了立竿见影的效果。

在生产管理方面，该公司复制了经典的7S（整理、整顿、清扫、清洁、素养、安全、节约）现场管理法，并以此优化改善现有管理，推出了一种"7S＋生产绩效"的管理模式。这个管理模式经过半年的"试运行"，大大改善了该公司的管理水平，提高了生产员工的劳动效率。

通过一系列的改革，这家医药公司恢复了往日的生机，再次夺回了失去的药品市场份额。用该公司董事长的一句话概括："学习并借鉴成熟、成功的经营管理模式，用以改造并优化传统模式，才是实现企业创新、发展的基础。"

或许有人会产生疑问："为什么选择借鉴和复制，而不去重新创造一种新模式呢？"创新固然是值得提倡的，但是创新也会面临较大的风险。对于一些大企业来说，想要彻底创造一个模式几乎是很难的，而学习一种模式，却可以实现快速落地。某企业引进"精细化管理"模式，用这种模式逐渐代替过去的"粗放式管理"模式，并取得良好效果。这里面有一个词：逐渐。学习是一种借鉴，借鉴并不是简单的模仿、复制。"逐渐"一词，体现了"过程"，这个"过程"即消化与吸收的过程。

商业模式本身包含一套商业逻辑，如果这套逻辑是对的，当然可以借鉴使用。而很多事情 A 能干 B 不能干，不见得是 B 不够优秀，可能是 A 有的资源 B 没有，如果二者资源相同、产品相同、时机相同，比的就是逻辑先进性了。从这个角度来说，商业逻辑每个人都可以学会，可以借鉴，可以举一反三地使用。

同样，"拿来主义"是一种"经验主义"，也是一种"实用主义"，甚至它还是一种辩证的"落地科学"。"拿来"的过程，是一个"去其糟粕，取其精华"的过程。在这个过程中，既有模仿，又有创新。就像中国的高铁，可以被称为一个"集大成"奇迹。在中国高铁的身上，我们既能看到国外的先进理念，又能看到国内的创新技术。这种"洋为中用"的方式，我们可以用"结合"二字来形容。

复制不是邯郸学步、照搬照抄，只是一种方式，一种学习并借鉴的过程。互联网时代，我们比拼"商业模式"。就像管理大师彼得·德鲁克所言："当今企业之间的竞争，不是产品之间的竞争，而是商业模式之间的竞争。"如果我们能够成功复制优秀的管理模式，或许就能够创造奇迹。

3. 商业模式是"落地科学"

[战略点睛]　商业模式是"落地科学"，唯一要做的事情就是去做。

我们常常会谈论各种各样的商业模式，并且喜欢比较它们的优劣。事实上，没有更好的模式，只有更好的执行。商业模式是"落地科学"，如果没有经过实践的检验，就无法展现其先进特点。有人说："科学需要落地，落地才能成为一项技术，技术才能为人所用。"

古代有一位谋士，他有许多常人不曾想到的点子。为了展示才能，他向一位将军毛遂自荐，希望能够成为一位军事参谋。将军问他："你有什么特殊的本领？拿出来给我瞧瞧。"

只见这位谋士捡起一根树枝，然后在地上不慌不忙地画了起来。他画了一幅交战地图，然后开始分析战术。他套用《孙子兵法》中的计谋，深入浅出地阐述出克敌制胜的战术。这个将军听了之后，非常惊讶，便继续问："你这些理论都是从哪里学来的？"

这个人回答道："我平时十分喜欢读书做研究，很多理论都是自己领悟出来的。"这位将军见他非常有见解，便把他留下来做了军事参谋。

几个月后，一场蓄谋已久的战争拉开帷幕。按照谋士的策略，将军提前几天就做好了排兵布阵的工作，只等敌人出兵。敌方主动出兵攻击其薄弱点，希望一举撕破战线，打对手一个措手不及。敌方的这个举动正中谋士的下怀。一支潜伏的队伍将敌军紧紧围住，来了个"瓮中捉鳖"。当敌方遭受埋伏而选择仓皇撤退时，为时已晚。

将军取得了大胜，军队内的士气也非常高涨。将军知道，胜仗源自谋士的精心策划，便赏金一百两给谋士。谋士非常谦虚，对将军说："将军，我只是展示了一个想法而已，而你和你的士兵，才是落实谋略的人。如果没有你们，想必我的谋略没有什么用。"

后来，这位谋士一直给将军出谋划策，将军都按照他的方式方法去布局。虽然也吃过败仗，但是与胜仗相比实在不算什么。谋士为这支军队立下赫赫战功，后来被将军推荐给统帅，统帅也非常高兴，并称谋士是一位不可多得的人才。

这个故事看似讲人，实际上是在讲事。古人有句话："谋事在人，成事在天。"谋事有两个点，即"谋"和"事"。"谋"就是谋划，谋求，或者是策划一种模式；"事"就是做事、从事，将前面的"谋"落实下去。如果只有"谋"而没有付诸行动，就将永远停留在"谋"的位置上，或者它仅仅只是一个想法而已，不堪大用。如果能够将"谋"付诸行动，"谋"就会变成一种技能，这种技能才有实际意义。所谓"成事在天"，就是一种运气。我们知道，成功都需要一定的运气成分在里面，将"谋"付诸行动后，有可能成功，也有可能不成功。如果"谋"得正确，行动又非常"给力"，成功的概率就会很高，反之就会很低。如果只有"谋"而没有行动，运气更是派不上用场了。商业模式也是一种"谋"，只有落实行动，用行动去践行模式中的理论和计谋，才能体现商业模式的实际价值。

　　现实中，有许多企业家把商业模式当成一种谈资，总是夸夸其谈，却不能将商业模式落实到位。一名培训师说："许多企业管理者都非常重视表面上的东西，高谈、空谈一些理论，却没有把这些理论放在实践应用里。"换句话说，如果不能将商业模式落地，商业模式就完全变成了一个无价值的模式。启蒙思想家伏尔泰认为：人生来是为行动的，就像火总向上腾，石头总是下落。对人来说，没有行动，也就等于他并不存在。而德国哲学家约翰·戈特利布·费希特则认为：行动，只有行动，才能决定价值。由此看来，商业模式是"落地科学"。

　　落地是一种行为，一种由理论向技能的转化过程。有人认为，模式只是一种框架而已，这种框架本身并没有具体的意义。德国哲学家海德格尔则认为，技术的本质就是框架。因此，模式本身具备一种技术特征，这种技术需要行动实践才能展现出来。除此以外，还有一种现象值得我们注意。有许多理论性的东西，是无法通过"语言行为"进行诠释的。商业模式是一种"活理论"，或者叫"工作法"，本身对商业行为有指导作用。因此，商业从业者更要把商业模式当成"落地科学"，才能做好日常的经营管理工作。

4. 合法时代下的暴利模式

[战略点睛]　合法时代依然有暴利行业。

一提到暴利二字，人们往往会将其与犯罪行为联系起来。因此有了一个狭隘的"共识"。但是有过暴利行业从业经验的人，都是犯罪分子吗？很显然不是。

怎样的盈利水平才算暴利呢？通常来讲，毛利润超过 50% 就属于暴利，比方说你将一个价值 100 元的产品卖到了 150 元以上，这样的利润就属于暴利。如果我们认真思考，将价值 100 元的商品以 150 元的价格售出，并不算什么。现实中，将价值 100 元的商品卖到 200 元以上的价格，也已经比比皆是。

马晓聪是一位"80 后"创业者，在创业之前从事过许多类型的工作，比如销售员、人力资源主管、项目经理等，丰富的人生履历让他决心创业。他的创业项目是开一家甜品店。

如今，各大城市都有各种各样的甜品店。马晓聪想要做甜品，也是看准了休闲饮食行业的巨大前景。于是他在自己所在城市的繁华路段租了一间门面房，然后开启了他的甜品店生涯。马晓聪本身是一位美食达人，社交范围非常广。他的第一批忠实"粉丝"，就是他的那些"群内"好友。由于马晓聪诚信经营，甜品用料考究、严谨，味道非常纯正。开业仅仅三个月，马晓聪就收回了创业成本。马晓聪的甜品店越来越火，人气越来越旺，生意简直好到"爆"。

一年之后，赚到钱的马晓聪开了第二家分店，分店的生意依旧非常火爆。有商业头脑的马晓聪后来索性开放了连锁，几年时间内在多个地区开了几十家甜品连锁店。

甜品行业几乎是路人皆知的暴利行业，成本两元的花式咖啡可以卖到十六元，成本两元的意大利口味的香草冰激凌可以卖到二十元。但是消费者并不会因为暴利而拒绝这类商品。换句话说，只要你的甜品货真价实、干净卫生、味道纯正，符合行业内的价值指导标准，就不会影响到消费者。因此，甜品行业是一个"朝阳"暴利行业，其所属的休闲餐饮行业，也属于一种暴利商业行业。

我们所说的暴利，不是通过非法手段获取利润，而是想告诉大家，在合法的范围内依然可以通过商业模式追求利润最大化，因为每个人的时间是有限的，为何不研究哪些项目的利润更高呢？

苹果通过先进的科技和设计，让几百元成本的手机卖到几千元；阿里巴巴通过互联网搭建平台而进入世界 500 强；很多上市公司老板，通过上市，让自己身价倍增。这些事情都很值得思考。

我们都知道，互联网时代是"体验为王"的时代。体验，就是一种营销升级和服务升级。如果我们能够给客户带来良好的体验，也就能够将产品价格提上去。

有一家科技公司，该公司的科技产品是一种家庭学习机器人。这几年；我国机器人行业发展迅速，学习机器人的出现，填补了市场空白。当然更值得称道的是，这家公司建立了一座非常有趣的"机器人体验馆"。

为了打响商业品牌，该公司老板向该地区几个教育教学试点捐赠学习机器人，让学生亲自体验并感受机器人带来的乐趣。学生们喜欢它，便产生了强烈的购买需求。因此，这种家庭学习机器人迅速走进许多家庭，成为学生们的智能读书伙伴。

该科技公司的老板认为：产品的体验性能越好，客户就会越喜欢。体验也是一种价值，而这种体验价值是被消费者认可的，消费者甚至可以为这种体验价值埋单。一台家庭学习机器人，市场售价通常在两千元以上，市场前景非常广阔。

说到体验，我们不得不提苹果公司。苹果公司的创始人史蒂夫·乔布斯认为，创新无极限。只要敢想，没有什么不可能，立即跳出思维的框框吧。如果你正处于一个上升的朝阳行业，那么尝试去寻找更有效的解决方案，比如更招消费者喜爱、更简洁的商业模式；如果你处于一个夕阳行业，那么赶紧在自己变得跟不上时代之前抽身，换个工作或者换个行业。不要拖延，立刻开始创新。苹果公司的产品一定是简单流畅的、有个性的、创新的、体验性能好的，"极致体验"四个字几乎已经成为苹果系列产品的特有标签。

前面我们说过，没有最好的模式，只有最适合自己的模式。一个人或者一家企业，如果能够与时俱进，把创新与体验结合起来，就能够找到"暴利点"，而这样的"暴利点"会为你带来巨大的回报。

5. 商业模式：逻辑与思想

[战略点睛]   商业模式不是简单的买卖，是一种逻辑，是一种思想。

商业模式到底是什么呢？按照常规的理解方式，商业模式就是一种"工具"，这种"工具"具备可复制、可模仿、可套用的特点。如果用哲学的方式去定义，商业模式是一种逻辑，它可以较为客观地反映一家商业组织的架构、资源、价值关系，并为商业组织的生存提供必要的依据。如果我们单纯把商业模式看成一桩生意，那就太过局限了。商业模式这一逻辑大概由五个部分组成，即驱动力部分、客户部分、渠道部分、价值部分、能力部分。

（1）驱动力部分。

一个商业组织要想发展，就需要驱动力。这个驱动力有两种，分别是内部驱动力和外部驱动力。

内部驱动力与商业组织的计划目标有关。通常来讲，商业组织有自己的发展规划和经营目标。发展规划决定商业组织的总体发展方向；经营目标则是为商业组织发展提出"要求"和"命令"，通过命令的方式拉动商业组织的成长。

外部驱动力与一个商业组织的外部环境有关。通常来讲，商业组织的外部环境有这样几个元素，即行业规则、行业政策、同行业竞争目标等。外部环境非常重要，适应外部环境的商业组织才有发展的可能性。

内部驱动力与外部驱动力需要"两力齐发"，才能发挥出"$1+1>2$"的作用，而驱动力部分属于商业模式的基础部分。

（2）客户部分。

众所周知，商业组织离不开客户，客户是商业组织的"造血器官"。商业模式的逻辑就是让商业组织重新对客户进行定义。客户重新定义的部分包括三个方面，客户定位、客户需求、客户决策。

客户定位，需要商业组织认识并分辨哪些是真正的客户，哪些是潜在的客户。另外，商业组织还要了解与客户相关的信息，比如客户的收入、职业、消费习惯、家庭组成等，借助相关信息对客户进行分类、分层。

客户需求是商业组织的"生命线"，没有需求也就无法拉动经营。对于商业组织而言，建立客户需求模型，找到客户的痛点，是引导、挖掘、

转化客户需求的前提。

客户决策是客户对商业组织所提供商品、服务等进行判断、评价，并决定是否选择购买的一种行业。购买决策能够体现客户的目的性、购买个性、情境性以及心理特点、价值观等。

客户部分是商业模式中极重要的组成部分。客户是这一逻辑中的一个重要元素，这个元素是无法忽略不计的。

（3）渠道部分。

对于一个商业组织而言，组织渠道、营销渠道、资源渠道有很多，这些渠道就像一个人身体里的各种血管。关乎商业组织命运的渠道等同于"大血管"，关乎商业组织细节的渠道等同于"毛细血管"。商业渠道数量很多，需要商业组织进行认真梳理。商业组织的渠道背后也有一套逻辑。换句话说，商业组织本身需要一套严谨的逻辑架构，逻辑是商业组织的"思维基础"。如今，有一些商业组织借助技术拓宽商业组织的渠道，为商业组织的发展提供了更广阔的平台。

（4）价值部分。

价值本身就是一套逻辑。德国哲学家文德尔班认为，价值哲学包括逻辑学、伦理学、美学三部分。价值同样分为两部分，一部分是精神价值，另一部分是物质价值。精神价值因人的精神而存在，较强的精神价值与精神愉悦感是息息相关的，如果精神价值离开了主体的情感和意志，也就不存在了。而物质价值特指产品、服务带来的直接经济价值。对于商业组织而言，其价值组织部分有很多，比如经营成本、产品价格、服务价值、品牌价值等，了解价值背后的逻辑关系，才能够解决商业组织的营收难题。

（5）能力部分。

商业组织发展，离不开各种各样的能力。针对商业模式的能力，由三种能力组成，即打破壁垒的能力、综合业务能力、改革创新能力。

打破壁垒的能力，通常是一种内外结合力。外力，即环境、政策之力。如果把一个商业组织当作一艘帆船，外力等于风力。内力，即一个组织的生命力。这种生命力体现在管理力、执行力、监督力、生产力、调配力等。

综合业务能力，通常指与商业组织经营相关的能力，比如营销能力、组织开展活动的能力、联动能力、服务能力、客户关系维护能力、售后能力、市场分析能力、市场开发能力等。

改革创新能力，通常指与商业组织相关的创新能力之和，包括分析能力、学习能力、想象能力、判断能力、洞察能力、创造能力、实践能力等。这些"力"与商业组织的创新发展有着紧密的联系。

事实上，逻辑就是一种规律。只要我们能够理清逻辑关系的各个部分，把这些部分进行整理、串联，就能体现商业模式作为一种"工具"的实际价值。

6. 大项目分拆，小项目重组

[战略点睛]　大项目分拆，小项目重组。

有时你会发现，你的资源不能做一些比较大的项目，或者启动了一个比较大的项目后，做起来非常吃力。此时我们可以通过分拆的方式，把一个大项目分成若干个小项目，结合更多人的力量一起来干这个工作。比如你是开旅游度假区的，就可以把参观、旅店、游乐设施分包给不同的人，或者邀请不同的人和你一起工作，如此，你就做成了一个平台，类似这样的方式就是大项目分拆。

什么是小项目重组呢？自己的公司比较小，就可以和多家同行以联盟的方式统一采购，统一营销，甚至可以合法合并财务报表，把几家小公司合并成大公司，完成资本化进程。

当然，商业上有许多这样的例子。

许多年前，有一位姓孙的老板经营摄影器材。单反相机的价格，可以用"上不封顶"来形容。有一些摄影爱好者为了追求效果而不停地升级自己的摄影装备，这个升级过程就像一个无底洞。许多摄影爱好者说："如果能够租赁器材，那就太好了。"

事实上，租赁行业很早就有。但是碍于摄影器材产品的特殊性，租赁会带来非常大的风险。经过思考，孙老板最后选择了一种分期付款的营销方式。当时还没有与之相关的分期业务，由此可见其经营思维是非常超前的。

孙老板的第一个分期业务来自一位鸟类摄影爱好者。这位爱好者看上了一个价值高达5.5万元的摄像头，但是碍于价格辗转几次都没有购买。孙老板识破他的心事，便向他介绍自己的这种想法："您一定非常需要这样一个摄像头，我确实也有打折售卖的想法，但是我的进货和经营成本摆在这里，很难以折扣价卖给你。但是我有一个想法，你可以像支付租金那样，分期支付摄像头的价格，你能否接受这样的建议呢？"

听到这样的建议，这位鸟类摄影爱好者完全是举双手同意的，很快双方达成了一个分期付款的协议，价值5.5万元的摄像头分11期付款，每期只需要支付5000元。孙老板与鸟类摄影爱好者签署了一份分期协议，并约定了相关细节和保障。鸟类爱好者如愿拿到了自己喜欢的摄影器材，孙老板也通过这种方式卖掉了高价摄影器材。

后来，商业银行提供了分期付款业务后，孙老板将自己的实践与银行业务进行了无缝对接，他也成了国内较早使用"分期付款"业务开展产品营销的商户之一。

针对摄影器材这样的高价产品，采取"价值分拆"的方式是非常合理的。但是如果是一些小到可以忽略的"项目"，就需要采取"抱团取暖""化零为整"的方式进行重组经营。

互联网时代，许多年轻人从事微商生意。小于也是一名微商，她在微信朋友圈销售休闲食品。小于的生意还算不错，外地客户也有很多。但是她有一件非常头疼的事情需要处理，她始终没有找到一个价廉物美的快递合作伙伴。她抱怨道："现在的快递价格太高，我的发货量又远远达不到优惠的标准。即使我从 66 元包邮提高到 99 元包邮，利润依旧少得可怜。很大程度上，利润被快递费抵消了。"

事实上，小于的几位做微商的朋友也有同样的感觉。后来小于找来小区内同为微商的几位朋友，打算以"联盟"的方式与快递公司进行谈判，希望能够拿到一个优惠价格。不久之后，小于与七位朋友再次来到快递网点，与网点经理进行沟通、谈判。后来的谈判结果是，如果每天快递的发货量超过 50 件，省内快递每件便宜 1~2 元，省外快递每件便宜 2~5 元。谈判成功之后，小于非常高兴。这样每一天她都可以从中节省 30~50 元的快递开支，一个月累计下来就是一笔不小的费用。

如今，像小于这种"抱团取暖"的商家还有很多。比如文玩界有这样一个故事。前几年，有位朋友去尼泊尔进货，看到了一批非常好的金刚菩提子，于是便问商家："你家金刚菩提子如何拿货啊？"商家直接说："我这里不零售，一共 2.2 吨货，要么你一个人全部拿走，我给你优惠价。"

言外之意，商家只做整体出售，不分拆零售。这位朋友非常满意这批金刚菩提子的质量，但是六位数的进货总价却难住了他。后来，朋友在客栈遇到了几位来尼泊尔收购金刚菩提子的国内商家，经过沟通决定，每个人花3万元全部"吃"掉那个商家的货，然后回国进行分包。

大项目分拆，小项目重组的意义就在于此。大项目难以整体运作，就需要对大项目进行"化整为零"式的处理，以小博大，以巧冲击市场。小项目数量多，优势小，缺乏竞争力，就需要将小项目进行整合，把优势集中起来。因此，商业组织要根据其自身特点和现状，采取灵活自由的方法，才能立足商业市场，并从商业市场中分得一杯羹。

7. 好产品决定好营销

[战略点睛] 商业模式改变不了产品，产品质量是当今商业的基础，好产品本身就是营销。

前面我们讲过好产品不代表好公司。诚然，决定一家公司是否成功，有许多因素在里面，好产品只是其中之一。如果一家公司无法在管理、服务、创新等方面做足功课，同样无法取得成功。但是一家成功的公司一定有好产品、好服务。产品是一家公司的生命线，没有优秀的产品，公司也就不复存在了。商业模式改变不了产品，但产品质量是当今商业的基础，好产品本身就是营销。

小米科技的董事长雷军也有同样的观点。他认为：自己过去20年都在向微软学习，其实好公司不需要营销，好产品就是最大的营销。产品与营销的关系，并不是完全分离的两个独立概念，而是一个组合。产品虽然离不开营销，但是营销也同样离不开产品。现实中，有一些人总是强调模式的概念，甚至认同一种"营销—分红"逻辑，听上去神乎其神，却闭口不谈产品，有些人把这样的营销定义为"欺骗"。特斯拉的创始人埃隆·马斯克有更极端的观点：实际上自己不喜欢营销这个概念，觉得营销的概念很奇怪，营销好像就是要骗人买东西一样。

前不久，笔者的朋友遇到这样一件事。节前回家，他发现自己的老母亲买了许多花花绿绿的保健品，有的可以护肝，有的可以保护心脏，有的甚至还有预防癌症的功效。老母亲的购买行为给朋友一个感觉：上当了。

朋友问母亲："您都是在哪里买的保健品啊，怎么买了这么多？花了多少钱啊？这么多保健品，要吃到什么时候？"

看到儿子着急，老母亲便忙着解释："你不知道，这个保健品啊，咱们小区的很多大爷大妈都在吃，虽然花了两万多元，但是吃了之后身体就健康了呀，不会生病！只有我健康，你才能安心工作！"

老母亲显然是被套路了。言外之意，被某营销组织诓骗了。如今，许多保健品销售人员都采取这种"家庭送健康"的方式进行营销，不惜以夸大产品效果的方式来引发客户的兴趣。事实上，这些保健品往往不具备任何治疗功效，甚至吃了之后还有可能会带来其他的危害。一位老年人购买了一种保健品，卖家声称该保健品可以代替药物，有治愈糖尿病的功效。在商家的诓骗下，老年人花了 9600 元买了三个疗程。结果在吃保健品的过程中，老人因"严重低血糖"而被送进医院抢救。后来经权威部门检测，该保健品含有大剂量的优降糖成分。从某个角度上讲，这种保健品就是降糖药，如果服用剂量过大，不但没有保健效果，而且会引发严重的低血糖。

有些人会反驳这一观点，认为这也是一种营销方式，而且这种方式屡试不爽。甚至有些人抛出这样的言论："世界上没有最好的产品，只有最好的营销模式。"这样的言论听上去底气十足，似乎也有其道理，但如果产品质量不合格，难道也能够营销吗？当然，这是一种辩证分析的方式。任何营销，都离不开产品。将合格产品售卖给客户是一种"良心"，将不合格产品售卖给客户就是一种欺骗。无论营销模式如何先进，都必须建立在优秀产品的基础之上。

　　某城市，有一位小家电经营者。过去，这个人一直经营不出名的小家电品牌。这样的小家电品牌，产品价格低，产品质量勉强过得去。但是因为其价格便宜，深受广大消费者喜欢。

　　某一年，该经营者进了一批低价库存货搞促销，促销效果很不错，他也因此大赚了一笔。但是不久之后，许多客户纷纷找上门："老板，小电器质量不行啊，用了不到三个月就坏了，你给换一换吧。"这位老板经营小家电许多年，在周边地区有一定的口碑，因此便"以新换旧""以好换坏"。但是那一段时间，这位老板几乎将所有的精力用在了售后处理方面，而其他品牌的小家电出货量也受到了严重影响。

　　后来，这位老板认为：杂七杂八的品牌不能继续做下去了，否则会彻底毁掉自己的招牌。于是他开始代理营销国内知名品牌的小家电。这一类小家电不仅质量过硬，而且售后服务也更有保障。这位老板从事小家电营销二十年，积累了丰富的营销经验。于是他联合小家电公司做市场促销活动，很快就把丢掉的市场份额捡了回来。这位小家电经营者感慨："对于商家来讲，优秀的产品比优秀的营销模式更加重要。"

产品与营销是一个组合概念，谁也离不开谁。如果我们抛开产品只谈营销，就会把商业模式变成一棵"无根之树"，成功的概念更无从谈起。而优秀的产品却自带营销属性，产品质量好，消费者本身就会进行传播，如果再配合上出众的营销技巧，就能带来良好的营销效果。

8. "抱团取暖"的生存之道

[战略点睛] "抱团取暖"是为了形成一个强大的利益联合体。

"抱团取暖"这个词如今再次走红网络，似乎有一种返璞归真的意味。有人好奇地问："难道地球快要进入冰川时期了吗?"当然，"抱团取暖"并不是为了"取暖"，其核心是共享某种利益。

"抱团取暖"是一种"人多力量大"的表现。当今时代，已经不是孤胆英雄的时代。纵使一个人的力量再大，也不可能一人同时胜任多个角色。我们都知道，人们通过抱团，可以形成集体，这种集体就具有"聚暖"效应。而单个个体则不同，四面都暴露在外。因此，人们很早就已经总结出"抱团取暖"的经验，并且借助这种方式生存了下来。

金融危机时期，东南亚国家遭到了严重的冲击。泰国南部，有许多渔业加工企业，主要以海产品深加工为主。金融危机来临后，货币严重贬值。以渔业加工为例，整个产业链条都受到了损害。渔民捕鱼后将鱼卖给鱼贩，鱼贩简单处理之后，将鱼卖给渔业加工企业，渔业加工企业加工出成品，一部分内销，一部分出口。随着国内市场萎缩，老百姓消费能力下降，内销数量大大降低；与此同时，出口市场因价格问题而迟迟无法做到大量出口。内忧外患之下，泰国南部的渔民、鱼贩、加工企业抱团成为一个整体，一起想办法调整策略，消化库存，盘活产业链。一方面，渔业加工企业帮助渔民降低了渔业开采成本，鱼的价格也就随之下降；另一方面，渔民、鱼贩尽可能将一部分利让给渔业加工企业，渔业加工企业再将商品中的部分利益让给客户和终端零售商。通过这种彼此让利的方式，"抱团取暖"的人和企业形成了一条共有利益链条，最大限度地抵消了金融危机对自己的冲击，从而熬过了寒冷的冬天。

俗话说："天下大势，分久必合，合久必分。"事实上，"合"是一种趋势，这种趋势就是"趋于一个大同"。许多企业，过去是竞争对手，如今却是合作伙伴。

国内有家港口，物流行业非常繁荣。围绕这家港口运转的物流公司就有大大小小几十家。这些物流公司竞争非常激烈，甚至为了"抢标"而有过争斗。当地物流界流传着一句话："大鱼吃小鱼，小鱼吃虾米，虾米只能淘汰出局。"某大型物流公司老板认为：恶性竞争的结果就是相互之间打价格战，单位运价降低了之后，回过头再看，谁都没有赚到便宜。物流运费越来越低，许多小物流公司只能转行，大物流公司则挣扎在"生死线"上。

如何才能摆脱这种现状，走上现代物流的道路呢？后来，某龙头物流公司的老板提出一个建议，成立一个大型物流协会，共享港口资源，提升与港口的战略合作高度。不久之后，物流协会成立了，物流协会一共吸引了当地13家物流公司入驻。物流协会与港口签订了"战略合作协议"，并将资源进行重新整合。物流公司各自发挥特长，并且在省内多个地区建立"物流港"，逐渐形成了一个"物流配货"网络。通过这个办法，物流协会组织逐年壮大，物流协会内的物流公司也从竞争走向了合作。

如今，商业组织"抱团取暖"的现象非常多，"强强联合"的案例也在天天上演，比如滴滴与快的的合并，58同城网与赶集网的合并，美团与大众点评网的合并。这种合并，正体现一种"抱团取暖""联姻生活"的合作精神。"抱团取暖"并不是取暖，而是为了共享、分享利益，形成一个强大的利益联合体。

9. 百年老店的"超越式"传承

[战略点睛] 百年老店传承的是不断超越前者的理念。

如今，保留下来的百年老店已经不多了。百年老店，不仅是一种商业奇迹，更是一种传承与超越。说起百年老店，我们总能够想到这样的词：诚信、优质、品牌响。几乎所有的百年老店都是讲诚信的，诚信是一个商业组织的命脉，不讲诚信的商业组织一定是短命的。百年老店的传承精髓，就是百年不变的质量。无论是配方还是选料，都可以做到百年不变。百年老店的名字就是一块金字招牌，比如同仁堂、张小泉、陈李济等。当我们听到这些名字，就有一种信任的感觉，这就是品牌的力量。

百年老店之所以能百年不倒，是因为在经营模式上，它往往是不断创新和超越的，也就是不因循守旧，每一个接班人都能在前人的基础上进行二次改进和创新。

百年老店，就有百年的历史。百年的经营，也让百年老店拥有独特的经营之道。也就是说，百年老店并不是"老古董"，而是思想开放、能够传承未来的变通者。

在欧洲，有一家皮具店。这家皮具店拥有100多年的历史。许多社会名流都常常选择购买这家皮具店的皮具。其中有一位好莱坞影星非常喜欢这家皮具店的皮具，每年都会从美国坐飞机专门来这家店进行选购。这家皮具店为何如此吸引人呢？

答案是创新。这家店同样不是"老古董"，其传承人曾经与多位著名设计师有深入的交往和交流，其设计的皮具款式非常时髦，甚至能够代表流行符号。该皮具店选择的金属配件，不但采用纯手工打造，而且选择的元素非常符合潮流。有一位忠实的顾客说："我每年都会光顾这家店，这家店每年都会推出大量新款，这些新款都是特别的，唯一的。虽然价格昂贵，但是绝对值得。"

除此之外，该皮具店还聘请了多位青年才俊为其设计产品。我们能够从 Bottega Veneta（葆蝶家）、爱马仕、LV（路易威登）、Gucci（古驰）、香奈儿等知名奢侈品品牌中看到流行元素，而这个低调奢华的定制品牌更能够给人一种眼前一亮的感觉。在皮料的选择方面，该皮具店也会有所创新。换句话说，这家百年老店之所以能够发展下来，是因为创新。创新是这家皮具店百年传承的秘诀，如果没有孜孜以求的创新，也就谈不上传承与超越。

创新并不是所有百年老店的标签，百年老店应用自己的经营理念去践行创新。另外，一些百年老店还是精益求精的坚守者。

瑞士拥有数量非常多的百年老店，尤其以军刀、手表等手工制品而闻名于世。众所周知，机械手表是零件众多且精密的手工制品，不仅要有准确的走时，而且要具备防水、观赏等功能。瑞士有一位钟表匠人说："钟表就像一个人，它每走一秒就像一个人的心脏跳动一次。只有它走得准，走得平稳，才能历久弥新。这就需要匠人们像塑造一个人那样去塑造一个钟表，并赋予钟表灵魂。"

工匠精神，用来形容瑞士的百年制表企业一点也不过分。瑞士人的那种对传统的坚守，对传统工艺的执着，对细节的追求，让其把每一个产品都当成艺术品来对待。事实上，客户的高级需求恰恰与这种匠心不谋而合。人们追求高质量的产品，追求极致的服务和体验。人人渴求瑞士表，一块瑞士表可以给人们带来满足感和愉悦感，满足感和愉悦感恰恰就是商品的价值体验。这样的价值从何而来？这样的价值源自百年老店的匠心以及对细节的追求。

与瑞士人的精益求精相比，日本人也毫不逊色。据权威机构统计，日本拥有超过十万家百年老店，两百年以上的老店竟也有 3000 余家。这些百年老店涉及各种行业，比如服装、酿酒、酱料、旅游、餐饮等。日本京都有一家百年护肤品老店，这家护肤品店将自己的品牌 Logo（商标）与产品的包装、设计、摆设等进行了统一的整合。其产品质量不仅过硬，包装、设计也非常考究。许多国外游客来日本京都，都会光临这家小店。如果我们用一句话来形容这些老店，那就是"既是对历史的传承，又是对现今时代的超越"。

同仁堂有一句古训："炮制虽繁必不敢省人工，品味虽贵必不敢减物力。"凭借这种精益求精、一丝不苟、追求卓越的精神，同仁堂才走到现在，并且成为耀眼的传统品牌之一。不同的百年老店的成功秘诀可能各不相同，就像武林高手练成绝世武功的途径不同那样。但是百年老店传承与超越的方式是相似的，如同开篇所言："百年企业传承的是不断超越前者的理念。"

10. 商业模式本身就是作品

[战略点睛]　商业也是艺术，好的商业模式本身就是好作品。

艺术展现出的是人们对世界的认识以及对美好事物的向往，艺术是一种创造。商业，同样也是人创造出来的。从某个角度看，艺术与商业存在着某种关联。

设计好的商业模式就如同艺术大师设计的一件艺术品一样，只是这件作品的呈现方式不一样，不如物品那么直接。当你看到一个精彩绝伦的商业案例时，也会如看到一件超好的艺术品般惊叹。而好的商业模式设计，确实也环环相扣，精美无比，从顾客的感受层面，到渠道开发、产品包装、内部管理、资本路线、盈利模式等多个层面都可以做到极致，从这个角度来看，商业也是一门艺术。

艺术是一种理念，哲学则认为艺术是知性与感性的结合。人们通过艺术，表述自己的思想和意识，而艺术就产生了意义。事实上，商业也是现实存在的。商业体现人与人之间的交易行为，并将这种交易上升到艺术的高度。因此，有些企业家坚持认为：为企业描绘蓝图，就像用心绘画一样。而这样的说法似乎挑不出什么毛病。现实之中，人们把商业组织当成一件艺术品去设计的故事有很多。

南方有一家服装公司，老板姓刘。刘老板过去家境并不好，南下打工多年，慢慢有了一点积蓄，开了一家小型服装公司。起初，该公司为了立足市场，也曾加入"OEM 代加工"的大军。但是按照刘老板的想法，他想要把公司运作成一件富有价值的艺术品，而不是廉价的商品。

公司有了钱，刘老板便成立了自己的设计工作室，并且从上海高薪聘请服装设计师设计服装。有了自己的设计，就如同给该公司吹了一口"仙气"，让公司有了自己的灵魂，公司的竞争力也有了显著提高。后来，公司规模进一步扩大，完全具备了独立设计与制造的水准。许多大品牌也因此找上门，并与该服装公司进行合作。

刘老板认为，经营公司，不仅要讲策略、讲逻辑，还要分清主次和虚实，就像画一幅水墨山水画一样。刘老板的经营策略就是"修炼"，通过"修炼"进行升级。后来，这家公司与国内一家大公司进行合作，也就是我们常说的 ODM 模式。很显然，ODM 模式远比 OEM 模式高级得多。当然，这仍旧不是刘老板所想，他的梦想是打造一家品牌服装公司。

随着时代的进步以及社会的发展，年轻人对服装的要求也越来越高。对于绝大多数服装公司来讲，这无疑是一个挑战。但刘老板的服装公司规模越来越大，公司的服装设计水平也越来越高，已然完全不惧怕服装市场的竞争了。他开始以"年轻市场"为突破口，重磅推出自己的休闲服装品牌。该品牌的服装，流行度强，性价比高，属于服装行业的快消品。该公司的一位设计师说："我们公司完完全全是在拼创意。"

刘老板赌赢了，他的休闲服装品牌一经上市，便赢得了消费者的青睐。刘老板常说："公司就是我的作品，我完全把它当成自己的亲生骨肉去对待！用蓝图去描绘它，用心血去丰满它。"事实上，这家公司就是刘老板完成的艺术作品，这件艺术作品也为刘老板创造了无限财富。

如今，人们狭隘地把艺术看成一种特有概念，固守在绘画、雕塑、建筑、音乐、舞蹈等产品上。艺术，并不是局限的，而是一个非常广泛的概念。艺术是实实在在存在的，并不是形而上学脱离主体的虚无部分。艺术，英文为"Art"，也属于一种技巧、技术。很显然，商业模式也是一种技术。从这一点上看，艺术作品与商业模式似乎有相通之处。

另外，商业离不开管理，管理同样也是一门艺术。管理学大师彼得·

德鲁克认为，管理是一种工作，它有自己的技巧、工具和方法；管理是一种器官，是赋予组织以生命的、能动的、动态的器官；管理是一门科学，一种系统化的并到处适用的知识；同时管理也是一种文化。不难看出，管理与商业之间存在着一种逻辑关系，通过这种关系能够看到人们的想法、技巧、努力程度以及呈现方式。而艺术，不也是一种人们面对世界所选择的呈现方式吗？

　　有人说："艺术是一种生产力，艺术自带商品属性。"这句话也不难理解，因为艺术作为一种生产力形式，被广泛应用在商业的各个领域。我们把艺术看成一门设计技术，给商业提供了无限动力。如今，高端的工业设计、奢侈品、好莱坞大片、VR（虚拟现实技术）等，不也是商业时代的一种艺术形式吗？因此，好的商业模式本身就是好作品。

11. 无法模仿的"成功商业模式"

　　[战略点睛]　能够被别人轻易模仿的模式不是好模式。

　　有人说："成功的商业模式是很难模仿的。"就像苹果公司，如果人人都可以模仿，是否就会出现成百上千家苹果公司呢？显然是不可能的。还有人说："商业模式可以复制，但是很难模仿！"复制与模仿虽然是近义词，却是完全不同的两个概念。复制模式，只是将一个框架复制过来，然后再进行改造与加工。言外之意，复制模式的最终方向是创造一个适合客观条件的新模式。

　　如果你更新了商业模式，公司赚钱能力变强，很快有了高额利润，很快就会有人对你进行模仿，如果你的公司因被模仿而受到重创，说明你的公司竞争力不强，也没有真正的核心竞争力。所以，要么打造很强大的核心竞争力，要么就要不断重新设计，不断更新商业模式版本，从 1.0、2.0 一直到 9.0，提前预知被别人模仿之后的可能，并做出预防模仿的更新计划。

国内有一家公司，这家公司从事餐饮管理。换句话说，这就是一家"连锁餐馆"。有人好奇地问："难道开餐馆也有难以复制的模式吗？"当然有。这个"连锁餐馆"从第 1 家开到第 50 家只用了三年半的时间。一家公司能够在三年半的时间内扩大 50 倍，简直就是奇迹。这家"连锁餐馆"是如何做到的呢？

这家餐饮公司的老板说："我们的餐馆从餐馆 1.0 模式一直升级，到现在是餐馆 3.0。"

什么是餐馆 1.0 呢？起初，这家餐饮公司非常传统，其老板的理念是"服务至上，货真价实"。通过这个经营理念，他站稳了脚跟。众所周知，许多餐馆都是靠"货真价实"赢得客户口碑的。但是后来，餐馆老板发现周围的餐馆都这样做。也就是说，这种模式已经无法取得竞争优势了。这该怎么办呢？于是，餐馆 2.0 出现了。

什么是餐馆 2.0 呢？这个模式是比较"烧脑"的。餐馆老板开始力推具有 IP 效应的超级单品，并且通过网站、社交软件炒作这样的概念。这位老板介绍："当时餐饮市场上还没有出现 IP 热和超级单品，但是我们已经提前想到了。我们甚至连餐馆 3.0 这一升级版，也已经构思出来了。"这家餐馆靠热炒的超级单品吸引了大量年轻消费者，而且餐馆邀请消费者参与超级单品的研发。令人惊讶的是，餐馆 2.0 让这家公司火得一塌糊涂。

什么是餐馆 3.0 呢？这是一种对商业模式的复制。在开始复制之前，这家餐馆已经拥有了足够强大的实力。餐馆老板设立了自己的研发团队，这个研发团队不仅研发新菜单，而且研发新经营模式，并将餐馆与供应链结合在一起，形成一种标准化模式。这位老板说："我们的标准化生产线只是确保食材和配方标准化，但是我们的终端消费体验与肯德基、麦当劳不同。"

如今，这家"连锁餐馆"即将开满100家。它的老板告诉我们："餐馆4.0和餐馆5.0也已经有了模型。"当别人进化到餐馆3.0的时候，他就会自动启动餐馆4.0，从而保持自己的行业竞争力，防止其他餐馆抄袭。

模仿是什么呢？就是照搬，照葫芦画瓢，抑或邯郸学步。如果一个商业模式能够被轻易模仿，这样的商业模式也就不具备任何竞争力。

古代，某江南重镇流行丝绸和茶叶生意。有一位安徽老板，每年春天都会带着大量的家乡茶叶来这里进行销售。安徽茶品质好，名气大，因此非常抢手。这位老板用卖茶叶赚的钱，从当地购进丝绸，然后带着丝绸回安徽售卖，通过这种模式发了大财。后来还有几位富商也看上了这样的生意，于是也开始按照"春天卖安徽茶、夏天卖丝绸"的经营模式做生意。因为这样的模式太容易模仿了，那几位富商也赚了钱，而安徽老板的生意却不如以往好了。之后，安徽老板又开始了"盐商"的生意，把茶叶卖到四川，再从四川运井盐来江南重镇售卖。但是这样的"倒卖"模式还是太简单了，那些富商一学就会，甚至后来还组成了"商会"来对抗这位安徽老板。几年之后，这位老板的市场份额几乎被"商会"吃光，而他只能离开这里，去另一个地方做生意。

安徽老板的模式，是一种"被模仿就死"的模式。而真正厉害的商业模式，是永远无法被模仿的。成功的商业模式可以自带 DNA，这种 DNA 就是一个商业组织的成功密码，而这个密码恐怕只有商业模式的创造者自己清楚。

12. 跨界模式：把不相关的放在一起

[战略点睛] 把不相关的人或事放在一起，引发化学反应，就是跨界。

人们常常提到跨界，跨界，就是从一个体系跨越到另一个体系。对于传统而言，跨界是一种打破，或者是将一些完全不相关的人或事整合在一起。这里面有人的跨界，也有事的跨界。人的跨界，让一些原本在某一领域中生活的人进入到另一个领域，接受另一个领域的挑战。事的跨界，则更加有挑战性。因此，人们把跨界当成一种挑战。对于那些旨在打破局限、寻找出路的人来讲，跨界是一种思维，一种选择。

人类最早的跨界，让一群猎人学会了围田耕种，然后又在耕种的基础上学会了畜牧养殖。跨界，可以让人类从一种原始状态进入一种相对开放的先进状态。跨界，也是人类发展到某个阶段而必然发生的事情。因此，跨界因互联网的出现而演变成一种思维，即跨界思维。什么是跨界思维呢？就是用多角度、多方向，甚至远观的方式来思考问题，然后提出解决方案。对于商业而言，跨界的本质就是扩大自己在商业版图中的市场份额。如果能够整合市场内的所有资源，这样的跨界就是成功的。

有一位叫韩东的"80后"年轻人，大学毕业后与几个小伙伴开了一家网吧。许多年轻人都喜欢聚在这里打游戏。因此，为这群人筹划"游戏战队"，搭建游戏对战平台就具有实际的意义。凭借这样的经营思路，韩东把网吧经营得非常好。

后来，韩东发现许多人因为玩游戏时间较长，而选择直接在网吧就餐。于是韩东想到一个赚钱的办法，就是在网吧一角开出 30 平方米的地方，建立一家小型的自助超市，超市主要售卖饮料、速食、休闲食品、香烟等。仅此一个项目，就能够为他每月带来 3000 余元的纯利润。之后，韩东又把网吧丰富成"咖啡吧"的形式，还提供住宿服务。最终，这家网吧逐渐成为一个集"吃、住、娱乐"于一体的综合娱乐平台。

韩东认为自己的这一跨界，更像是把一些利益相关的事物整合在了一起。这种整合，能够让网吧的功能更加强大、全面。韩东从实践中领悟出跨界的真谛，后来又与合作伙伴开发了一家集 KTV（卡拉OK）、烧烤、酒吧于一体的新型饭店，生意也同样火爆。

跨界，还意味着颠覆，从传统进入"反传统"。所谓"反传统"，并不是彻底推翻，而是一种继承和发现。过去人们去市场买菜，都是用现金付款。现金，基本都是以纸币的形式存在，因此，人们在使用纸币时，可能会出现纸币因保管不当而缺损，或因假币的侵扰而成为受害者和"犯罪帮凶"的情况。互联网时代来临后，人们开始思考：能否借助互联网技术实现支付的跨界？因此，"手机付款"的概念被提了出来。很显然，支付宝与微信走到了前面，把移动互联网支付变成了现实。卖方只需要提供一个二维码，客户便可以用自己的手机轻松付款。跨界还有一个目的，就是让商业经营变得更加高效、有趣。有人问："我们如何才能实现跨界呢？"通常来讲，我们需要做好三项准备性工作。

（1）拥有跨界思维。

一个人想要跨界，首先需要拥有跨界思维。跨界思维是一种开放思维，一种创新思维，一种远见思维。它需要人们不断开阔视野，接受新鲜事物，大胆进行尝试，通过观察与实践跳出自己的局限。从其他角度去看，人们也确实应该这么做。一个力求变化的人或者商业组织，需要在提升视野、经验、模式的基础上，用一种灵活变通的方式对现有的形式进行一番改造。

（2）拥有创新人才。

人才是21世纪的宝贵财富。过去，人们把人才看成一种人力资源；如今，人们把人才看成一种人力资本。资源与资本，虽然只有一字之差，却相差甚远。资源，处于一种待开发状态；资本，则是一个商业组织极重要的组成部分。招聘、吸纳优秀的人才，唯才而用，因才定岗，充分发挥人才的创造性思维，才能形成跨界智库。

（3）拥有跨界资源。

古人说："万事俱备，只欠东风。"如果万事不具备，也要选择跨界，恐怕就会走上绝路。当然凡事没有绝对，也有极少数的人在没有资源优势的情况下跨界成功。但是对于绝大多数的人或者商业组织来说，跨界需要资源。如果把跨界比作桥梁，资源就是构建桥梁必需的建筑材料。

马云曾表示：经常有人问阿里巴巴为什么什么领域都参与，什么都要做。这是因为互联网是一场技术革命，不应有界，而是要融入各行各业。互联网的本质就是跨界，而商业模式同样需要跨界。

13. 模式不对，努力白费

[战略点睛] 模式不对，努力白费。

如果一个人走上了错误的路，就会在错误的路上越走越远，甚至无法回头，因此人们提出了一个"迷途知返"的概念。所谓"迷途知返"，就是及时止损，返回到正确的道路上。经商与做人是一回事，如果选择了错误的商业模式，再努力恐怕也会徒劳无功。

珠三角是我国的外贸加工基地，许多工厂靠 OEM 模式生存。有一位郑老板开了一家皮具厂，工厂里有 300 多名职工。像这种规模的工厂，全国上下还有很多。郑老板的皮具厂，也选择了代加工模式。郑老板说："代加工是一种简单的方式，而且是按件收费，一个皮包赚多少钱都是固定的。比如，我 1 个皮包赚 5 元的加工费，加工 1 万个皮包就赚 5 万元！"像郑老板这样思考的生意人，仅仅周边一个镇，就有几十位。

前几年，外贸加工生意非常好，郑老板确确实实赚了不少钱。像大多数老板那样，郑老板赚到钱之后就开始扩大加工规模，增设生产线，大量招收生产线职工。最多的时候，郑老板的工厂拥有 800 多名职工，外贸订单也络绎不绝，生意非常火爆。与郑老板不同的是，郑老板的几位朋友却在最好的时候套现转型，从事其他行业，这让郑老板颇为不解。

几年后，受欧洲货币贬值、市场萎缩等影响，外贸订单开始锐减。订单减少，郑老板的工厂效益也开始明显下滑。为了继续生存，郑老板只能将外贸加工转向内贸加工，在全国上下寻找合作伙伴，但是处处碰壁。就在郑老板发愁的时候，他的朋友送上了订单。郑老板的这位朋友以前也是做 OEM 代加工的，不过前几年转型做品牌，非常成功。郑老板感激朋友雪中送炭之余，也开始感叹朋友的先见之明。而他也慢慢意识到，自己当年选择的这个经营模式已经走到了"绝路"。

后来郑老板也开始谋求转型，但他发现，转型恐怕也来不及了。首先，转型意味着推倒重建，而推倒重建需要大量资金，郑老板手上没有那么多资金；其次，技术能力受限，现有的技术水平不足以保证他的工厂实现真正的"脱胎换骨"；最后，重新搭建渠道、创建品牌需要三年到五年的时间，很显然郑老板根本没有这样的时间和精力去等待，眼前的问题已经难以解决。

在朋友的建议下，郑老板将自己的皮具厂进行分拆。其中一部分继续做代加工，另一部分开始筹划品牌，做产品设计。由于积累了多年皮具代加工经验，打版设计方面没有什么问题。因此，他聘请了几位设计师，把分拆出来的新公司定位为个性定制，并且做了自己的线上旗舰店。随着电商行业的发展，郑老板分拆出来的新公司订单不断，而这些订单逐渐交由分拆出的一家 OEM 加工厂进行加工。

现实中，像郑老板这样的例子有不少，但是其中也有许多企业转型失败，或者沿着错误的模式一路走到了"黑"，被市场淘汰出局。如今，许多人认为，是互联网搞垮了我们的实体经济，这一切都是互联网的错。难道真的是互联网的错吗？

有一位"80后"创业者开了一家小型超市，面积不过 200 平方米而已，类似社区超市。起初，许多人并不看好他开实体店，并建议他尽快谋求转型，因为实体店实在难以经营。但是这位创业者却认为：实体店恰恰能够带来真正的购物体验，实体店的春天才刚刚到来。

他的超市与传统超市不太一样。一方面，这家超市售卖的主要商品不同。这家超市以售卖生鲜为主，这类商品很少有顾客会在线上购买，就近或者选择实体店购买是主要途径。另一方面，这家超市提供"深加工"服务。如果一个人想要买一条鱼，但是他不会做，怎么办？

这家超市提供配方和烹饪的步骤，教顾客烹饪，还提供烹饪所需的辅料。通过这种服务，这家超市生意非常火爆。后来，这位"80后"创业者又陆续开了两家超市。

不是实体店不行了，而是经营者们没有找到正确的、适合自己的商业模式。商业市场对于每个人都是公平的，商业模式也都是自己选的。如果选择了错误的商业模式，就会有一种努力白费的感觉；如果选择了正确的商业模式，企业则会快速成长。

PART 3
商业方法改变世界

1. 赚钱：难者不会，会者不难

[战略点睛]　赚钱难不难？难者不会，会者不难。

许多人都在感慨赚钱难，简直"难于上青天"。当然，赚钱确实很难，要不然怎么会经常听到"现在赚钱太难了，钱越来越难赚"之类的话呢？对于大多数人而言，赚钱就是一件苦差事。上班族每天都要付出时间和精力去工作才能赚到工资，经商的人也要冒着各种各样的风险才能赚到钱。赚钱到底难不难？想必大多数人都会觉得难。

过去，许多父母都会给孩子灌输赚钱难的观念，比如有些父母会直接告诉孩子："赚钱这么辛苦，一定要学会节约，千万不能乱花钱。"还有一些父母会用实际行动证明赚钱难，并以亲身体验告诉孩子要珍惜现在来之不易的生活。当然，这种语言或者行动的提醒，也会让后代产生一种赚钱难的心理，他们认为赚钱一定是一件非常困难的事，甚至想象"土里刨食"的画面。还有一些人，会形成一种赚钱障碍，一想到赚钱，便开始头疼。

世界上任何事情都是相对的。有些人认为赚钱难，有些人则认为赚钱是一件很容易的事情。放眼望去，互联网时代，机会比从前要多很多，许多人都借助互联网来赚钱。

北方有一个叫刘志和的人，这个人没有什么文化，却拥有经商的头脑。刘志和的老家是一个小山村，交通不便，因此这里的农民一直挣扎在贫困线上。但是这个小山村的物产非常丰富，各种山货应有尽有，山核桃树、山枣树、柿子树，可谓是漫山遍野。这些在刘志和的眼里，简直就是"真金白银"啊。

许多农民因没有办法把山货卖到外面发愁。但是刘志和有一双很勤快的腿和一张很勤快的嘴。为了卖掉山货，他去临近县城做过多次调查，了解了山货的市场行情，并了解了运输成本。山货的商品价格有了，运输成本也可以核实，也就是说，他可以粗略算出一车山货能够赚多少钱。于是他回到村里，开始以"代销"的方式，将山货带出去，然后把山货卖给县里的零售商。

村里的年轻人给刘志和起了一个外号，叫他"刘能能"。刘志和确实很厉害，他成为村里最早一批接触电商的人。他在阿里巴巴、淘宝等知名网站上都开了自己的网店，经过几年的运作，网上的交易量逐年攀升。在刘志和的带领下，这个小山村变成了一个"电商村"，每两户家庭中就有一户从事电商生意。刘志和赚了钱，在村里开办了山货加工厂和食品公司，并且申请了绿色食品认证。几年后，刘志和的食品公司每年的销售额都能突破千万元。

刘志和这样的"励志型"人物并不少见，全国各地按照这种商业模式发家的人有很多。赚钱难吗？这样看似乎也不是很难。对于赚钱这件事而言，也有几条"万能"法则可以遵循。

（1）"简单至上"的法则。

赚钱的方法，其实越简单越好。当今社会，商业模式五花八门，有的模式看上去很好，实际操作起来却很难。如今，许多企业管理者都开始采取"瘦身管理"的模式，做"减法"也是非常有必要的。我们能够看到，那些真正赚到钱的人并没有什么赚钱的高招，而是专心做好一件事。比如，沃尔玛的生意经就是"天天平价"，国内某连锁超市的"盘外招"就是"永远比其他商家便宜一分钱"。这种优惠策略，就能够吸引大量消费者前来购物。

（2）"行动至上"的法则。

赚钱不难，只要你勤快、有胆识，就能赚到钱。一个人能够行动起来，解放自己的双手，就能创造出财富。德国哲学家约翰·戈特利布·费希特认为：只有行动，才能决定价值。而大作家高尔基也有相同的观点，他认为：在生活中，没有任何东西比人的行动更重要、更珍奇了。思想是船，行动是帆，只有行动才能带动自己的思想进步。即使满地都是金子，要想让自己变得有钱，也要弯下腰身亲手去捡。

（3）"学习至上"的法则。

有人说："要想多赚钱就要勤快一点，要想赚大钱就要提高自己的学识。"互联网时代，更是一个"知识决定价值"的时代。过去，就有"学好数理化，走遍天下都不怕"的说法，现在，它依旧不过时。我们都知道，许多人凭借自己的知识技能赚钱。你编写一个软件，然后把软件卖掉了，就可以赚到钱。坚持"学习至上"的法则，努力提高自己的本领和知识，开阔自己的眼界，提升自己的高度，就能发现新的财富资源。

除此之外，还要有赚钱的野心，学会多角度分析问题，慎重选择商业模式，为自己制订赚钱的目标。这样，我们就能够掌握赚钱的技能，轻轻松松赚到钱。

2. 不用蛮劲用巧劲的商业做法

[战略点睛]　不用蛮劲用巧劲，不用体力用脑力。

众所周知，世界上的赚钱方式有两种，一种是靠体力赚钱，另一种是靠脑力赚钱。靠体力赚钱的人，通常是用蛮劲的人；靠脑力赚钱的人，通常是用巧劲的人。中国传统家庭的父母教育孩子，常常会灌输这样一种观念，即如果你不好好学习，没有文化，以后工作就要"出大力"。"出大力"三个字十分形象，既说明了一份工作的辛苦，也表现出用蛮劲赚钱的过程。当然，有文化的人也未必是用巧劲的，一切事物都没有绝对。有些人偏执地认为：用体力代替脑力，是一种更加踏实的行为。很显然，这种说辞根本站不住脚，人类的智慧才是推动人类发展的动力。

餐饮行业是一个靠辛苦、用体力赚钱的行业，但是体力经营与脑力经营也会呈现出完全不同的两种结果。

老王是一家早点铺的老板，他已经做了20多年早点。老王的早点铺生意非常好，人气非常旺。老王做生意没有任何技巧，他的生意秘诀就是勤劳和老实。所谓勤劳，就是老王每天早晨三点半起床便开始张罗生意，和面、煮粥、将面点做好并放入蒸笼，早晨五点正式开门营业，上午十点打烊，20多年如一日，几乎没有发生任何改变。所谓老实，就是老王的早点使用真材实料，不掺假。面粉是知名品牌面粉，肉和菜都来自该城市知名的农贸市场。老实，一方面是指老王为人老实、实诚，另一方面是说他做生意诚实、守信。

老王的早点铺生意虽然好，出货量也很高，但是没有让他赚到"百万家产"。老王的一句口头语是："做早点就是出卖体力的营生，因为我没有文化，只能做这个啊!"从老王那一双厚实、粗壮、充满老茧的手上，能看到劳动留下的痕迹。老王凭借自己的勤劳满足了一家老小的普通生活。老王的妻子同样也是一个老实人，与老王一起起早贪黑，坚守自己的早点铺。但是老王也开始感慨："干了20多年，几乎没有休息过一天。我们都很累，整个身心都累。"有人问起早点

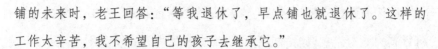

铺的未来时，老王回答："等我退休了，早点铺也就退休了。这样的工作太辛苦，我不希望自己的孩子去继承它。"

老王的辛苦并未帮助他赚到大钱，而他这种循环往复的模式，也不会赚到大钱。真正能够赚到大钱的人，是用巧劲和脑力的人。

我们再说说老王的儿子小王，小王大学毕业后也进入了餐饮界，只不过他不做早餐，而是开了自助式快餐店。

小王的头脑比老王灵活，似乎更善于经商。小王常常自嘲道："我不如我爸那么能吃苦，所以要用脑力赚钱。"小王的自助式快餐店的选址就非常有讲究。他的第一家店位于某大型园区的"中心食堂"的二楼，是营业面积只有 30 平方米的三个售餐窗口。

小王的自助式快餐店的开放营业时间集中在中午十二点到下午两点，主要服务大型园区里的 6000 多名员工。换句话说，小王是做"食堂快餐"的。小王的聪明在于，他并不直接参与劳动，而是参与背后运营与管理。以这家自助式快餐店为例，他聘请厨师三名，窗口售餐员两名。因园区采取"刷卡"就餐，小王还节省了雇用财务人员的费用。由于园区的员工就餐时间集中，选择面小，小王的自助式快餐店几乎天天爆满。加之小王定期推陈出新，物美价廉，因而培养了大量的回头客。

后来，小王成立了餐饮管理公司，主要以自助式快餐运营为主。换句话说，小王所做的就是将成功的模式进行复制推广，然后在全市各大园区经营自己的自助式快餐连锁店。小王从一家店做到七家店，仅仅用了三年半的时间。如今，小王已经成为一名名副其实的老板，老王也常常来小王的公司，帮助小王打点一下生意。从模式上来看，小王无疑是用巧劲、用脑力。他早已经不甘于"体力式"的盈利模式，而是更加注重商业模式、品牌搭建、口碑推广。

用体力赚钱辛苦，用脑力赚钱相对会更有效率。另外，体力是一种不可复制的能力，它只能靠自己的双手去身体力行；脑力则完全不同，脑力是一种可以复制的能力，脑力创造的商业模式更是可复制、可传递的。一个有形象、有文化、有品牌、有传播力的商业组织，更需要巧劲和脑力，而不是蛮劲和体力。

3. 成功秘诀：整体大于部分之和

[战略点睛] 整体大于部分之和。

古希腊哲学家亚里士多德认为，形式是有动力和目的的。它是有机体的灵魂。肉体是器械或工具，工具要为人所用，必然有使用者，即灵魂。灵魂推动肉体，确定其结构。它是生命的元质。因为人有精神，所以有手。肉体和灵魂构成一个不可分割的统一体，但是，灵魂是起统率和指导作用的元质，那就是说，整体先于部分而存在，有目的然后才有目的的实现；没有整体，就不能理解部分。这也解释了一件事，即整体是大于灵魂与肉体之和的。灵魂与肉体，更像是一种相互依存、相互配合的关系，更是不可分割的。如果我们只需要灵魂，那么肉体也将腐烂；如果我们只需要肉体，那么灵魂也将逐渐消散。灵与肉，是一体的。整体大于部分之和这样的哲学观点，到底给我们带来了怎样的帮助呢？我们应该如何看待整体与部分的关系呢？

如果我们把人看成一个整体，人的四肢、躯干、大脑等便是部分。众所周知，人行走离不开腿，这就是腿的功劳；人劳作离不开手，这就是手的功劳；但是人的行走和劳作同样需要大脑提供信号，否则脱离整体的任何一种行为都是没有意义的。这就让我们明白一个道理，即整体内的部分需要彼此的配合与协调才能体现整体存在的价值。如果放在商业领域内，就是商业组织团队中的每一个部分都需要围绕着共同的利益目标而相互协作，才能让这个商业组织拥有更强大的竞争力和凝聚力。

国内有一家知名的机械企业，老板姓吴。吴老板是个"哲学迷"，常常能够把哲学中的观念用于企业的管理中。因此，他也十分欣赏并赞同亚里士多德的观点。他认为：企业是一个整体，企业内的员工、干部、各种资源就是部分。如果将每一个部分单独拿出来，并没有实际意义。比如，一辆铲车由众多零部件组成，螺丝钉是铲车的一个组成部分，单独的一个螺丝钉恐怕不会有太大用途，而将螺丝钉放在它应在的位置上，它就因铲车的使用性能而体现自己的价值。员工对于企业而言，也是如此。因此在自己的企业里，只需要有团队精神的员工，而不需要游离于团队之外的"孤胆英雄"。

有一位企业家说："团队中没有自我，只有服务于团队而高速运转的部分。"这里强调的也是一种个人服从集体的观念。吴老板采取的是一种"授权"式的承包责任制管理方式。他把权力下放到每一个部门，然后用绩效考核的方式对部门的整体绩效进行考核。因此，这个考核方式并不是针对某个人，而是针对一个团队或者一个部门。他认为，这样的"授权"方式有三大好处：第一，绩效考核个人，虽然突出了个人成绩，但是个体上的差异会加剧人与人之间的矛盾和摩擦，不利于长期管理；第二，绩效考核团队，更加有利于培养团队精神和团队执行力，企业需要团队去解决大问题和整体问题；第三，考核团队更是一种公平、民主的体现，它能够把每一个团队成员当成平等的、不可或缺的部分而充分发挥每一个团队成员的优点和特长，体现一种"相互补台，相互协作"的精神。

　　吴老板的这种"授权"式的承包责任制管理方式获得了非常好的效果。首先，各个部门的执行力得到了明显提升，员工的精神面貌都处于较为积极的状态；其次，各个部门的业绩得到了提升，员工的工作价值得到了肯定；最后，各个部门的凝聚力得到了提升，战斗力更强。吴老板说："团队精神是企业发展所需要的最宝贵的精神，这种精神可以让每一个团体协调一致，并发挥出合力，从而体现整体的价值。"

　　我们都知道，整体并非简单的个体相加，而是需要个体相互协作、相互协调。如果突出某一个个体的作用，与之相邻的个体功能就会被削弱。著名相声大师马季先生有一个经典相声叫《五官争功》，脱离"脑袋"的"五官"为了展示自我而"互损"，最后受到伤害的不是彼此，而是"脑袋"。只有让"脑袋"发出的信息，充分调动"五官"的合作、协调，才能体现出整体的价值。《五官争功》有反讽的意义，因而给各大商业组织的老板以启示：做好分配、协调、统一、管理的工作是非常重要的。

4. "霸权管理"与"授权管理"

　　[战略点睛]　创业初期需"霸权"，事业发展需"授权"。

　　"霸权"与"授权"，是商业组织管理者的两种截然不同的管理方式。"霸权"意味着严格把控权力，用强大的权力推行命令，并让命令得到良好的执行。"授权"就是把权力下放出去，借助一种"宽松式"的管理，让被授权一方有执行命令的主动性。"霸权"有其"霸权"的优势，"授权"有其"授权"的优势。

　　如今，人们对"霸权"的看法似乎带有偏见，比如有人说："'霸权'

是非人性的，不讲人性的老板不是好老板。"因此人们常常把"霸权"与"非人性"进行挂钩，采取"霸权管理"的企业也常常被戴上"血汗工厂"的帽子。"霸权管理"真的是毫无意义吗？让我们看看下面这个故事。

有一位"海归"博士叫沈腾飞，曾经在海外知名的科研研究所工作。后来在朋友的建议下，他回国创业，成立了一家生物制品公司。

沈老板是学者出身，不太懂管理。在公司管理方面，他也只能"摸着石头过河"。沈老板有多年的海外工作经历，海外的工作环境多半是非常宽松的，而这种宽松式的工作环境非常适合学者们从事研发工作。因此他坚持认为以人为本的"授权管理"才是最好的管理方式。

公司成立之后，各个岗位人员都已经到位。沈老板就按照既定的管理思路对各个科室、车间进行授权，采取一种"班组长管理制"，这家初创公司看上去非常像欧洲的公司。公司运营之初，各个科室、车间的管理还算正常。几个月之后，各种各样的管理问题就凸显出来，比如纪律问题，科室、车间员工迟到早退现象非常严重，由于缺少相关的纪律处罚措施，这种现象有愈演愈烈之势；比如原材料采购问题，采购部门的个别人利用职权之便谋取私利；安保问题也是频频发生。

此时有朋友建议："沈老板，你这样管理可不行。虽然散养'羊群'有助于'羊'的成长，但是初创公司可不能用这种管理方式。"沈老板问其原因，这位朋友告诉他："如果你的'牧场'还都没有成型，没有'围栏'，也没有'牧羊犬'，'羊群'一旦放出去，就很难收回来了！因此，你必须换一种方式，把权力收回来，然后完善相关制度，靠权力和制度去规范员工。"

　　沈老板虽然觉得朋友的想法也在理，但是并没有按照朋友的建议去做。他的民主授权的"线"放得越长，似乎越控制不住局面，甚至连公司里的员工都笑着说："我们的沈老板完全被架空了，他的权力还不如科室领导大。"等到盘点第一年的财务账目，沈老板才大吃一惊，简直赔得不像样子。无奈之下，沈老板只能退居幕后，"让出"自己的CEO（首席执行官）一职，高薪聘用了一位管理专家，将公司全权委托给专业管理团队去打理。

　　沈老板的创业故事，是一个失败而悲伤的故事。他的失败，并不是因为他的性格，而是因为他选择的管理方式不合时宜。对于一家初创公司而言，控权比"授权"重要。控制住权力，才能让初创公司快速、健康成长。如果公司发展成熟，各种制度、措施、流程都已经完善，就可以适当放权，采取"授权管理"的方式激发员工的工作积极性。

　　接着上面那个故事继续讲，沈老板的朋友孙老板，同为生物制品公司的老板，他的公司经过20年的发展，已经成为业内一流公司。孙老板对待自己的公司，同样采取"授权管理"方式。但是与沈老板不同的是，孙老板是一只手控权，另一只手放权。正如国内知名的管理专家林正大所言："授权就像放风筝，部属能力弱线就要收一收，部属能力强线就要放一放。"

　　孙老板认为，授权的目的并不是把权力放下去，而是有效控制权力。言外之意，授权的目的也是"控权"。孙老板把更多的营销权力授予各大片区的销售经理，并承诺一部分活动费用给销售经理做渠道，另外，他借助绩效考核制度对销售经理的业绩进行考核。如果销售经理把权力转化成业绩，孙老板的管理目的就达到了。如果销售经理没能把权力转化成业绩，相关的考核制度、处罚制度就会自动上位，行使与孙老板权力相等的处理决定。孙老板的这种"授权"，其实更像一种"信任契约"。得到"授权"的销售经理也就有了自信心和工作动力。

"霸权"与"授权"就是管理的左右手！商业组织的管理者应该采取这种"霸权"与"授权"相结合的管理方式，明确什么时候控制权力，什么时候释放权力。只有做到收放自如，才能把商业组织管理好！

5. 资源的"聚沙成塔"效应

[战略点睛]　一块积木搭不起一座房子，资源越多成功率越高。

众所周知，盖房子是一个巨大的工程。在农村，盖房子可以看作与结婚同等重要的事情，许多人终其一生就是为一套"栖居之所"而奋斗。既然盖房子是一件大事，它就需要动用一个人或者一个家庭的所有力量。盖房子需要的金钱、宅基地、砖头、沙子、石灰、木梁、钢筋以及各种劳动力，我们可以称之为盖房子需要的"内部资源"和"外部资源"。很显然，一块砖头或者一方沙子是无法盖起一座房子的。

资源是一个很了不起的东西，做任何事情都离不开资源。我们甚至可以把资源当成一种介质，没有这种介质便无法把人与世界联系起来。人们外出打猎，既需要打猎所用的器具，又需要目标对象。器具和目标对象就是资源。这些资源促使人类从蛮荒走向文明，也让人类逐渐产生并丰富各种组织活动。经营活动作为人类活动的重要形式，依旧需要资源的推动力。没有资源，也就没有商业。

有一名退伍军人，退伍之后便产生了做生意的想法。由于缺少经商经验，朋友们建议他开一家餐馆，从经营餐馆中摸索经验。于是他开了一家中小型餐馆，经营面积不足 200 平方米。

许多人认为，从事餐饮业是一件辛苦差事，只要勤劳、诚信，就能把餐馆经营得很好。事实上，哪怕经营一家彩票店也需要各种资源。退伍军人虽然能够吃苦，菜品也货真价实，但是顾客却寥寥无几。与之形成鲜明对比的是隔壁的一家饭店，生意非常火爆，甚至天天爆满、翻台，顾客更是络绎不绝。退伍军人百思不得其解，便向同行业内的好友进行求助。

好友问了他三个问题。第一个问题是："你的宣传工作做到位了吗？"退伍军人回答："做过简单宣传，持续的宣传工作并未进行。"第二个问题是："你进行过相关的顾客维护工作吗？"退伍军人回答："这一点我并没有想到，没有开展过这样的工作！"第三个问题是："你做过相关的市场调查吗？人们喜欢什么，社会流行的元素是什么？"对于这个问题，退伍军人也表示没做过，不清楚。这三个问题，都是与资源相关的问题。很显然，退伍军人所开的餐馆与外界并未建立彼此互动的关系。

为了让自己的餐馆有起色，他开始着手开展工作。首先，针对餐馆进行日常性的、广泛而深入的宣传，既有海报和彩页，也有公众号、网络平台的推广。经过一段时间的宣传，来餐馆就餐的顾客数量开始日渐增多。其次，对顾客进行维护。当然，餐馆的顾客维护工作与企业的有所不同，它更多体现在菜品改良、服务优化以及消费让利等方面。对于老顾客，退伍军人采取折扣或者"赠菜"的方式；对于新顾客，退伍军人采取"代金券"或者"会员制"的方式对顾客进行绑定。通过这些方式，老顾客越积累越多。最后，退伍军人对外部资源进行了解，并且建立起一种"学习—创新"模式，菜品不断推陈出新，营销活动也常常进行更换，从而保持了对顾客的吸引力。通过以上这些工作，退伍军人的餐馆走出了经营困境，生意一天比一天红火。

现在大多数人都有这样一个共识：资源就是效益。掌握的资源越多，就拥有越广阔的发展空间。著名的 BAT（百度、阿里巴巴、腾讯），就是通过搭建平台吸引资源，然后把自己的平台变成一个资源型的平台，为消费者、生产者提供一个生态圈，进而从中受益。曾经有一位地产商，有一个宏伟的计划：盖一座摩天大楼。盖摩天大楼不仅需要尖端的设计建造资源，还需要资金渠道、合作伙伴等。因此，地产商开始招募各种资源，当所有的资源聚集在一起，摩天大楼的实施计划也就落实到位了。换句话说，如果资源无法满足一座摩天大楼的筹建需求，工程也就无法完成，摩天大楼的施工进度会受到影响。资源的"聚沙成塔"效应即是如此，一块积木搭不起一座房子，资源越多成功率越高。

古人云："乃至童子戏，聚沙为佛塔。"积少成多，就会由量变引发质变。很显然，资源的积累对商业组织的成长与发展也会起到推动作用。

6. "借鸡下蛋"与"资源整合"

[战略点睛] 这个世界不缺资源，关键是别人为什么给你资源。

有时候，世界是一个利用与被利用的世界。虽然这么说有一些残酷，但这确确实实是一种普遍现象。有人利用你，说明你有利用的价值；你利用别人，他也具备被你利用的价值。张三有投资赚钱的本领，李四、王五就有可能把钱交给张三，让张三帮助其打理。张三从盈利中拿佣金，李四、王五也从张三身上赚了钱，皆大欢喜。

如今，许多综合商场并不直接参与相关产品的经营，而是提供产品展示的铺位，以招商的形式吸引广大经销商入驻。综合商场提供良好的展示与营销的平台，经销商则需要这样的平台进行营销，因此便会一拍即合。综合商场的运营者通常按照比例从经销商售出的产品中"扣点"，剩余的部分就是经销商的实际所得。这样的利用与被利用的关系，就是一种商业合作关系。构成这种商业关系的基础就是合作。但是反过来我们还要追问一句："这个世界不缺资源，关键是为什么要给你资源呢？"追问的目的，就是弄清事实真相。别人为什么愿意与你合作？不与你合作的原因又是什么？

淘宝是当下人气极旺的电子商务网站，这个网站有数以百万计的商户入驻。这些商户选择淘宝的原因有两个：平台好、流量大。淘宝提供的平台，几乎是当下最优质的平台。在这个平台上，不仅汇聚了众多人气，而且形成了良好的商业氛围。它的客户流量非常之大，每天的客户流量可以按亿计算。客户流量，等同于实体店的人流量，客户流量越大，潜在的商机也就越多。另外，它提供免费开店的机会，开店门槛低也是众多商户选择它的原因。这类合作模式的达成原因不外乎以下几点。

（1）你有价值。

有价值的人或者商业组织，才能吸引合作者的目光。这种价值，可以是一种实实在在的金钱价值，也可以是潜在的其他价值。金钱价值容易理解，体现的是你可以帮助合作伙伴赚钱的价值；潜在的其他价值也不难理解，就是你的本领可以满足客户其他方面的需求，比如体验的需求、品牌的需求等。总而言之，只要你有价值，你的价值就会产生吸引力。

（2）你有道德。

做人先立德。德行好的人，才有机会遇到合作伙伴。有人说："与有德行的人合作，我们放心。"有道德，就意味着诚实守信、有规有矩、心存感激、有责任心。这些元素，都是长期合作的基础。如果没有道德，恐

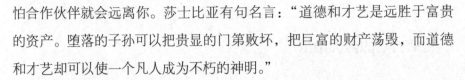

怕合作伙伴就会远离你。莎士比亚有句名言："道德和才艺是远胜于富贵的资产。堕落的子孙可以把贵显的门第败坏，把巨富的财产荡毁，而道德和才艺却可以使一个凡人成为不朽的神明。"

（3）你有眼界。

众所周知，眼界决定格局。一个人的眼界越开阔，看到的世界也就越大。我们都知道，投资者要看得长远，从而通晓价值投资的方向和结果。如果一个人具备这样的眼界和高度，有一双慧眼，这双慧眼就可以成为合作伙伴的千里眼。如果一个人鼠目寸光，目光短浅，恐怕借给他一副"望远镜"他也不会用，这样又怎能吸引到合作伙伴呢？

（4）你有资源。

我们常常用强强联合来形容两个极具资源的人或商业组织的合作行为。一个人能够吸引一群人的目光，恐怕是他身后的资源打动了对方。一个人的资源越多，吸引力也就越大。国内某商业银行曾高薪聘请了一位看似平凡的业务行长，许多人百思不得其解。银行的解释是：此人在许多银行有过高管经历，不仅有丰富的从业经验，而且身后有非常庞大的资源。资源就是金钱。

（5）你有诚意。

许多人会把诚意划分到道德一方。在笔者看来，诚意与道德是完全不同的。诚意是"主动的""伸手邀请的"。有这种诚意的人，才会重视合作的机会。另外，诚意也是一种合作"契约"，能够从道德层面上达成某种共识，视对方的利益为自己的利益。如果一个人只想吃独食，又如何能取信于对方呢？所以说，诚意也是吸引合作伙伴伸出手的重要因素。

除了上述五点，一个人或者一个商业组织还要有平台、有度量、有一种分享与共享的态度。如果你能够把最好的一面展现给对方，对方就会放心大胆地把资源置换给你。

7. 价值倍增的两大绝招

[战略点睛] 价值倍增的两大绝招：增加对外议价能力，降低对内结构成本。

做生意不同于穿衣吃饭，它是一门精妙的学问。这门学问，恐怕难以用具体的语言去描述。我们更多是通过总结记录下一些解决问题的方法，比如如何维护客户，如何激活管理，如何提高绩效，如何夯实执行，如何搭建团队，如何降低成本等。如果这些问题能一一得到解决，或许我们就能把生意做好。

还有一些人把做生意当成一门严谨的哲学对待。有这样一种观点很耐人寻味：做生意与学习哲学是一样的，入门容易，学好很难。想要学好，就必须找到做生意的真理，真理即放之四海而皆准的方法，也就是哲学中的方法论，掌握了做生意的方法论，才能做好生意。有人非常疑惑，问道："现实中到底有没有做生意的真理？真理不是抽象的概念吗？我们如何才能把握它呢？"当然，商业领域的真理或许与哲学意义上的真理还有所不同，前者更具有工具性和实操性。对于从事普通生意的生意人来说，价值倍增的绝招是在增加对外议价能力的同时，降低对内结构成本。我们可以用提高售价、降低成本来概括。

众所周知，议价能力是一种改变市场的能力，这种能力可以让商业组织供应的商品的价值更有说服力。比如想尽办法提高产品的单位价格，就是一种具体体现。

山东有一家化工厂，这家化工厂规模虽然不大，但是效益非常好，五年内利润翻了三倍。这家化工厂的客户遍布全国各地，那么这家看上去不起眼的化工厂是如何做到价值倍增的呢？按照化工厂老板的说法，自家化工厂做好了"三项工作"。

第一项工作，提高产品的核心竞争力。虽然许多人都在大讲、特讲各种模式，但是最有效的模式就是关注产品。这家化工厂规模虽然不大，但是生产出的产品极具市场竞争力，且老板非常关注新产品的研发和新技术的应用。产品得到了升级，产品技术也得到充分利用。产品有竞争力的直接表现就是售价的提升。

第二项工作，增强对外溢价的能力。首先，这家化工厂一直致力于产品品牌的打造，其化工产品口碑、品牌在业内处于一流地位。众所周知，品牌效应能够提高产品的售价。其次，由于技术原因，该化工厂生产的产品具有稀缺性，而这种稀缺性同样带动了产品的价格。最后，该化工厂非常重视内部文化的建设，以文化带动产品也取得了非常显著的效果。

第三项工作，降低生产成本。该化工厂选择使用新技术，就是为了提高生产效率，降低损耗。该化工厂技术中心主任介绍："化工厂升级新技术之后，每一吨产品可以降低成本15元。每年能够生产大约20万吨产品，能够降低大约300万元的成本。"

该化工厂增强了对外溢价能力和降低成本的能力，盈利能力自然也就得到了提高。后来这家化工厂有序进行了扩产，甚至有五年内上市的计划。

故事中的化工厂，通过提高对外议价能力缓解了日常经营压力，在实现效益增收的同时，也掌握了产品议价的方式方法。当然这只是其中的一个方面，而降低对内结构成本也是"挖潜增效"的一种重要方式。

这里有个名词需要解释一下：结构成本。一个商业组织的结构成本都包括哪些方面呢？通常来讲，一个商业组织的结构成本包括人力成本、原料成本、设备成本、技术成本、管理成本以及各种物料消耗等。想要降低结构成本，就需要对照结构成本中的每一个元素成本，进行合理优化。比如针对人力成本，借助绩效管理等手段提高人均绩效就是一种降低人力成本的方法，另外，对人员结构进行优化，体现"一人多岗"的人力价值，也可以降低人力成本。比如针对原料成本的优化方案也有两个，第一个方案是通过议价降低原料成本的采购价格，第二个方案是通过改造工艺提高原料的利用率而降低原料成本。比如针对设备成本，做好设备的保养，定期对设备进行检修，延长设备的使用寿命，就是降低设备成本的方法。

提高对外议价能力与降低对内结构成本两项工作需要商业组织的管理者"两手抓，两手都要硬"。只有同时进行两项工作，才能体现管理价值，实现价值倍增。

8. 积攒现金：上家铺货、下家预付

[战略点睛]　上家铺货、下家预付，可以积攒现金。

现金对于一个商业组织而言，是非常重要的。以前坊间有句话："有钱男子汉，没钱汉子难。"如果一个商业组织没有良好的现金流，恐怕离"死"也就不远了。

正所谓"一分钱难倒英雄汉"，现金就像一个商业组织的血液，现金流就是一个商业组织的血脉，现金链相当于商业组织的血液循环系统，商业组织如果没有现金，就如同一个人患了严重的"贫血症"，恐怕已经到了病入膏肓的地步了。

古时候有一位商人，他是做粮食生意的。动乱年间，粮食紧缺，商人需要拿出现金进行购买，否则供应商就会中断粮食的供应。为了确保进货，商人们都要背着沉沉的现金去现场买粮。因此，这种"一手交钱，一手交货"的方式非常流行。但是这也意味着会产生风险，如果粮食没有卖掉而形成积压，资金链就有可能出现问题。

商人的一位朋友，从事木材生意。由于木材长期积压，他已经再无能力继续进货，处于一种"不进不出"的尴尬局面。后来，这个人连吃饭都成了问题，只能向商人借钱。

商人的粮食营销也遇到了难处。部分大客户采购时先交货后付钱，有时候甚至不付钱，这位商人的粮食生意已经到了非常艰难的地步。好在商人的零售生意还算不错，能够快速将商品转化成现金。但是现金数量不够多，却又影响了他和大客户的议价底气。

俗话说："前有狼，后有虎。"这种"前后夹击"让商人疲于应付。这位商人的经营策略出了偏差而致使他无法掌控局面，只能暂停手上的生意。

商人进货时先给钱后拿货，而向商人买货的人，先拿货后给钱，这样，压得全是商人自己的钱。

现金是商业组织的重要资源，没有现金也就没有商业组织。因此，商界人士也达成了共识：积攒现金，充盈现金链。如何才能完成这项艰巨的工作呢？通常来讲，我们应该同时做好上家铺货、下家预付的工作。

上家铺货，就是让供应商主动找你，赊销给你。有人非常怀疑："这有可能吗？供应商也不傻，怎么会做赊销这种愚蠢的选择呢？"事实上，铺货与赊销并不是一个概念。铺货更像是一种代销，供应商利用代理商的渠道资源，代理商利用供应商的生产链。如果这种相互合作的关系在某个层面上达成共识，供应商就会给你铺货。当然，前提条件是你要有足够令人信服的营销渠道和营销能力，以及过硬的人品和诚恳做事的态度。商家免费提供资源，就不会占用你进货的现金，让你有足够的时间和空间思考如何打通渠道、将商品转化成现金，然后再将货款及时打给供应商。在这个铺货过程中，商业组织的诚信度是非常重要的。如果没有诚信，这种上家铺货的形式将无法展开。

下家预付，就是让客户主动找你，通过预付现金的方式进行购买。在这个方面，我们不得不提小米科技。有人这样评价小米科技的董事长雷军："'雷布斯'把饥饿营销做到了极致，'米粉'因喜欢小米科技的产品而主动地将货款提前预付给'雷布斯'！"这说明什么呢？是小米科技的做法太过聪明，还是广大"米粉"太信任小米科技？事实上，小米科技能够做到下家预付，有两个重要因素：第一，小米科技的产品质量过硬，性能体验良好，性价比高，值得"米粉"用预付现金的方式去等待一款小米科技的产品；第二，小米科技的饥饿营销起到了推波助澜的作用，为新产品营造了神秘感。因此，小米科技将下家预付做到了极致，因而有大量的现金去设计、开发有竞争力的新产品。

上家铺货、下家预付，更考验一个商业组织的经营智慧和诚信经营的态度。如果能够同时做好这两项工作，商业组织就会拥有充足的现金，进一步推动自身的成长与发展。

9. 客户是极佳的推广人员

[战略点睛]　客户是极佳的推广人员，口碑是极佳的传播方式。

有人说："客户是极佳的推广人员。"事实上，老客户介绍新客户的案例非常之多，似乎客户本身也带着一种推广人员的属性。一位大妈从菜市场买了一次海鲜，觉得卖海鲜的人很实在，于是向街坊邻居推荐："菜市上有个人卖的海鲜既新鲜又便宜，你们可以去看看。"在这样的推荐下，街坊邻居也会去菜市场留意一下，甚至也会照顾海鲜摊的生意。对于海鲜摊的经营者而言，他的海鲜便宜、新鲜，就是引发客户产生"共鸣"的点。客户满意并产生一种愉悦感，就会帮助商户进行宣传。

另外，还有一个词也要单独拿出来讲一讲——口碑。什么是口碑呢？口碑就是口口相传，一种对事物的正面赞同方式。通常来讲，口碑好的产品，销量也好；口碑差的产品，销量也差。国内有一个著名的网站大众点评网，许多网民消费之后都会在大众点评网上留言打分，许多网民购物、消费时，会依照评分高低选择商户。因此，那些评分较低的商户就会蒙受一定的损失，而那些评分较高的商户则会吸引更多的客户光临。例如，某城市有一家网站上广受网民好评的餐厅，现实中它的人气也是非常旺的。这家餐厅正如坊间描述的那样，干净、卫生、口味好、环境佳。许多人因为这家餐厅的良好口碑而选择去品尝，后来也就顺理成章地成了这家餐厅的会员。

有一位年轻创业者叫孙强，他经营着一家装饰材料公司。孙强是室内设计师出身，他对各类装饰材料非常熟悉，他经营的各类装饰材料，大多是一些品牌过硬、质量过硬的高性价比产品。因此，许多装修公司或个人客户都来孙强的公司拿货，并称赞孙强是一位会做生意的实在人。

有一年，某装修公司的老板来孙强的公司选材料，希望孙强能够给他推荐一款性价比高、质量好的工程瓷砖。孙强懂得客户的需要，也了解工程瓷砖的通用要求，因此给他推荐了一款米黄色亚光防滑瓷砖，质量过硬，防滑耐磨，呈现效果也非常好，最重要的是价格便宜。这位装修公司的老板非常高兴，于是就下了订单，订了20万元的货。一个月之后，这位老板再次造访孙强的公司，他先是对孙强推荐的瓷砖赞赏有加，然后便向孙强推荐了自己的朋友，这位老板的朋友是一位房地产开发商，也需要同类型的工程瓷砖。这位开发商老板对孙强说："朋友说你的装饰材料质量好，你也给我推荐推荐，我用量很大，一定要价格便宜，质量也要有保证。"

孙强非常兴奋，但是他明白要抑制住这种兴奋，先把客户的需求落实到位。于是他向开发商老板推荐了一款米白色工程瓷砖，价格非常便宜。当然，值得一提的是，孙强几乎把所有的利都让给了客户，而他只能从里面赚到5%的利润。开发商老板订了70万元的货，然后带着希望离开。开发商老板走后，装修公司的老板还特意打电话嘱咐孙强："小孙，你一定要保证质量啊。我的这位朋友非常讲信用，如果你的建材质量过硬，他一定会帮你！"孙强非常感激，对这位装修公司的老板承诺："您放心，您的朋友就是我的朋友，我绝对不会让您和您的朋友失望，抽空我单独过去拜访您，向您讨教！"低调谦虚的孙强，以过硬的人品和诚信的经商方式，把客户变成了自己的宣传员和销售员。

一个月之后，两位老板一起造访孙强的公司，然后再一次下了订单。一来二去，孙强与两位老板成了知己，两位老板为孙强介绍了非常多的生意。孙强认为：如果不是朋友们帮忙，自己的公司恐怕就要倒闭了。给孙强介绍生意的装修公司老板则认为：小孙人品好，做生意非常诚实，现在，能够踏踏实实做产品、做服务的商人不多了，小孙就是少数人中的一个。正因如此，孙强才把自己的装饰材料公司做大做强。

现实中，这样的故事并不少。孙强能做到通过老客户介绍新客户，有三个成功因素我们不能忽略。第一个因素，诚实。诚实做生意比狡猾做生意更有意义，如今，客户都非常聪明，买的比卖的精，因此老老实实、诚诚恳恳是做生意的要素。第二个因素，务实。少了一些油腔滑调，就多了一些脚踏实地。把客户的事当成自己的事去做，站在客户的利益角度上帮助客户推荐产品才能赢得客户的信任。第三个因素，踏实。如果一个人的工作能够让客户感到踏实，客户就会放心把自己的资源带给他。当然，通过老客户介绍新客户的方法还有很多，但是诚实、务实、踏实是不可或缺的因素。

当然，商户也要引导客户主动将自己的产品介绍给其他人，带来新客户，例如，当客户满意的时候，送客户一些小礼物，或者给新客户一些抵用券等，也会带来新的商业机会，客户会因此愿意为商户介绍新客户。

10. 赚小钱靠做事，赚大钱靠造势

[战略点睛]　赚小钱靠做事，赚大钱靠造势。

互联网时代，维持在一个"小富即安"的状态恐怕无法把生意做大。有些人认为，想要赚大钱，需要天时、地利、人和三个因素皆具。所谓天时，就是要有合适的时机，老天赐予的时机与你抓住的时机同等重要。所谓地利，就是要有地理优势，方便的交通。所谓人和，就是要拥有相当数量的客户的赞誉，客户的赞誉度等同于一个商业组织的口碑。天时、地利、人和都具备了，也仅仅具备了发大财的条件而已，是否能发大财，还要靠你自己的本事。

中国有句话叫"酒香不怕巷子深"。言外之意，就是好产品无须宣传，

好产品自带宣传属性。但是我们也知道，产品与宣传是不可分割的两个部分。前面我们介绍了，好产品不等于好公司，好的宣传应建立在好产品的基础之上。

　　有一名小老板，他的公司主要生产各类工艺品。当然，这家公司生产的工艺品质量好，工艺也非常精致，其"掐丝珐琅工艺品"还获得过国内大奖。这家公司非常传统，管理方式以及营销方式都十分传统。公司的管理风格很扎实，甚至凸显一种"工匠精神"。小老板谈起"工匠"二字，就会眼睛里放光，他说："工艺品如果失去了匠心，也就失去了灵魂！因此，那些花里胡哨的经营方式并不适合我们。扎扎实实地做事，才是保留匠心的唯一方式。"

　　但站在客观角度分析，这家公司规模小，竞争力不强，依旧充满各种经营与管理上的危机。像这样的小公司，该地区还有几十家，且经营模式大同小异。

从这个故事中我们可以看到许多小公司的影子，许多小公司似乎都是采取的这种"稳扎稳打"的模式，它们很少做宣传，却醉心于一件事，比如把产品做到极致，把服务看得很重。但是我们也能发现一个问题，这样的小公司似乎很难做大，发展到一定的规模，就遇到瓶颈，难以取得突破。如果采取一种复制产能或者扩大规模的方式，似乎也无法帮助它们取得腾飞。因此社会上有这样一种观点：遇到瓶颈的人都是一些贪图安稳的人，遇到瓶颈的公司都是一些贪图安逸的公司，从本质上讲，它们缺乏一种敢于突破、敢于造势的勇气。这里提到勇气与造势两个词，勇气即一种破局的胆量，造势即一种创新式的营销策略。想要把商业组织发展壮大，勇气和造势是必不可少的两味药，尤其是造势。

　　所谓造势，就是制造声势。许多商业组织通过造势吸引社会以及目标客户的关注。造势是一个动词，还是一个过程。整个造势的过程分为造势、借势、用势。这个过程就是商业组织通过造势而营造出营销活动氛围，然后利用并借助这种氛围，推动营销活动前进。商业组织想要收获良好的营销效果，不付出努力，坚持"酒香不怕巷子深"是不行的，它们需要为产品吸引更多的买家，彻底激活营销链条，才能走上扩张之路。

　　某地方酒厂规模不大，酒品牌的影响力一般，营销范围也受到局限。许多在酒厂上班的员工也没有底气。其中一名员工说："我们的酒厂，没有知名度。正因为没有知名度，酒才卖不上价钱。但是我们酒厂的酒，确确实实是纯粮酒，看我们酒厂采购那么多粮食就知道了。"

　　这家酒厂一直走传统管理路线，许多年也没有扩大规模。随着酒水市场的竞争越来越激烈，这家酒厂的效益开始下滑。后来，该酒厂被一位外地老板收购。外地老板收购酒厂之后，首先给酒厂换了一个大气的名字，然后注册了新商标。之后老板拿出500万元冠名当地的糖酒会，在糖酒会上进行造势表演，现场非常热闹。通过几次宣传，这家酒厂竟然吸引了许多外地代理商代理该品牌的酒。如今，这家酒厂采取广告轰炸、造势宣传、外拓营销、展会招商、冠名代言等方式，让酒品牌深入人心。酒厂的员工笑着说："酒还是原来的酒，但价格翻了三倍，销量翻了五倍！"

造势是一种非常好的营销方式，它并不是"小题大做"，也不是"无中生有"，而是扩大宣传、提高关注度。关注度提高了，品牌效应产生了，商业组织就能打开营销局面，提高产品知名度，继而带来源源不断的收益。

11. 工作方法比"去工作"重要

[战略点睛]　有时候，工作方法比"去工作"重要。

人们常常把工作方法当成一种工具，认为使用这种工具可以抓住事物的本质，解决存在的问题，提高工作效率，确保工作方向与工作目标的一致性。伟大的哲学家马克思对工作方法的理解是：工作方法是人们实现预期工作目的的手段、工具和途径。有时候，工作方法比工作本身更加重要。正所谓"埋头苦干不如巧干会干"。

朝廷抓来壮丁修建皇家陵园，壮丁的劳动强度非常大，搬运那些重达 100 斤的石块非常艰难。大多数壮丁并不聪明，只是依靠蛮力搬运石块，不仅体力消耗快，而且搬运效率非常低。如果壮丁因疲劳而停下来，免不了要受到监工的毒打。

一天的工作结束后，壮丁们像"死人"一样东倒西歪地挤在一起休息。后来有一位年轻人，他想到一个好主意。他对其他的壮丁说："我想到一个好主意，如果我们能够制造一个工具搬运那些石块，就能节省非常多的体力，也就不会挨监工的鞭子了！"壮丁们将信将疑，但还是给年轻人提供了帮助，找来制造工具所用的材料。年轻人很快就把工具制造了出来，然后教给壮丁们使用。壮丁们尝试后发现，这个工具确实不错，用它搬运石块不仅省力，而且效率和速度都会得到提升。

第二天开工后，年轻人便把工具带到了施工现场，然后开始用工具搬运石块。负责建造皇家陵园的大臣发现，年轻人的工具在施工过程中可以派上很大的用场，于是便让年轻人负责制造搬运工具。这位年轻人一共生产了几十台搬运工具，几个人一组，借助工具运输石块。年轻人的工具和工作方法很快得到了广泛推广，皇家陵园的施工进度大大提高。后来，皇帝听说年轻人凭借自己的大脑解决了施工难题，便想要亲自见见这个聪明人。

皇帝问年轻人："你是怎么想到这个办法的?"年轻人一五一十地向皇帝阐述了自己的想法和工作的方法，让皇帝大开眼界。皇帝非常珍惜这个人才，于是给他封了官，让他负责皇宫内的工程建造。后来，这位年轻人发明了许多工程工具，改进了许多建造相关的工作方法，从而让皇家陵园的建筑工作提前三年完成。壮丁们可以提前三年回家，他们也非常感激这位年轻人。

这是一个凭借一己之力改变工程进度的故事，像这样的故事还有很多。许多技术能手通过改进技术，实现了生产设备产量上的提升；还有一些管理能手借助先进的管理办法提高了员工的工作绩效。工作方法就是一种工具，借助这种工具就可以实现工作上的突破。英国物理学家贝尔纳认为：良好的方法能使人们更好地发挥天赋和才能，而拙劣的方法则可能妨碍才能的发挥。既然好方法决定好公司，那么如何才能获取这种工作方法呢?

（1）勤思考。

思考对人的重要性已经无须多言，思考是推动人类进步的前提。思考，是一种大脑活动，它可以帮助人们从复杂的工作中剥离出来，并从中发现、找到事物存在的规律。人们常说："规律是高效工作的前提。"哲学家笛卡儿认为：我思故我在。人们通过思考证明自己的存在价值，而存在的价值需要通过工作的形式进行展现。数学家华罗庚认为：独立思考能力是科学研究和创造发明的一项必备才能。历史上任何一个重要的科学创造和发明，都是和创造发明者的独立、深入看问题的方法分不开的。

（2）多总结。

著名哲学家叔本华在《作为意志和表象的世界》中提到"悟性"一词，悟性是一种"拨开云雾见青天"的本性或者本领。人人都具备悟性，只是有的人悟性好，有的人悟性差。但是还有一种东西也非常重要，就是经验。如今，人们提倡总结，总结能够让人的悟性与经验进行结合，从而形成一种使用性能良好的工具，这个工具就是工作方法。总结是人们寻找真理的方式之一，总结与思考同等重要。另外，人们常常会把思考和总结放在一起，先思考后总结，或者思考和总结同时进行。

当然，获取工作方法的方式绝不止勤思考与多总结两种，通过实践也能够发现其中的规律和奥秘。还有一些聪明人会走捷径，选择一种适合自己的成熟工作方法去应对自己的工作。而诸多事实证明，掌握一套工作方法比埋头苦干更加重要。

在商业上也是如此，同样都是做生意，做生意的方法有时候比生意本身更重要。

12. 公司的两大任务：圈人、分钱

［战略点睛］　公司的两大任务：圈人、分钱。

当下有一个词非常时髦，叫圈人。何为圈人呢？就是招纳人才的一种叫法。圈人的目的，就是找到志同道合的人才。另外，还有一个词，叫分钱，这个词也非常时髦。那么圈人与分钱存在着怎样的关系呢？用一句话来概括就是：招募人才，用分钱的方式留住人才。

人才是 21 世纪宝贵的财富，因为人才本身可以创造无限的财富。世界

上，有一些企业为了招募顶尖人才，可谓"费尽心机"。国内有一位企业老板表示：企业是否有发展前景，主要看企业留有多少人才，人才，是一种企业资本，它可以帮助企业实现资本的倍增，如果给自己一千万元，自己会把这笔钱投放到人才市场上去。企业老板们对人才的需求程度，可以用"求贤若渴"来形容。笔者的一位朋友，某企业的董事长，同样把人才放在首位。他认为：企业的发展命运即人的命运，人才完全可以改变企业的命运。松下集团创始人松下幸之助则认为：企业即人。如果没有人才，一家企业的发展、创新就会停止。

欧洲小国丹麦有一位叫斯文森的老板，他有一家渔业公司。在许多人的眼里，海洋捕捞并不是一件特别有技术含量的工作，这份工作非常艰辛。有的人从事了一生的海洋捕捞，唯一的愿望是下辈子不要再从事这样的工作。由于很少有人喜欢海洋捕捞这份工作，海洋捕捞类人才十分稀少。

斯文森认为，海洋捕捞并不是一件没有技术含量的工作，恰恰相反，海洋捕捞不但需要高超的捕捞技能，而且需要丰富的航海知识以及驾驭海洋的勇气作为支撑。曾经就有一只捕捞船，因为没有正确处理船与海洋的关系，被一场并不是很罕见的风暴掀翻在了海洋深处，船上14名船员全部遇难。因此，能够"圈"到喜欢海洋、对海洋捕捞感兴趣、能够驾驭海洋的人，是一大幸事。

人才难觅。斯文森在各大招聘网站发出高薪招募令，也没有找到一位合适的人选。当然，高薪招募并不是唯一的方式，招募人才的方式还有许多种。斯文森在高薪招募无果的情况下，也只能转变方式进行圈人。他出钱赞助了某航海学院的一项航海赛事，旨在关注校园人才的动态。后来他发现，许多学生虽然喜欢海洋，但是也会畏惧海洋,想要挑战海洋,又怕被海洋所征服。这种矛盾的心理,让许多学生在离开航海学院后选择了其他类型的工作,比如营销、金融、会计、贸易等。许多学生并不在意自己的未来是否属于海洋,而是更加务实地选择陆地上的安稳生活。因此斯文森发现了一个圈人的奥秘:培养他们的勇气,并说服他们选择与海洋相关的事业。

斯文森为了得到人才,把自己变成了一名励志人物,一名演说家。他常常去航海学院"刷脸",让大家都认识他。许多学生看到斯文森,就会喊他"斯文森教授",因为他常常在学校为学生普及海洋捕捞知识。通过这种方式,已经有多名校园人才选择了斯文森的公司。当然,斯文森是一位非常大方的人,他一向出手阔绰。为了留住这些人才,他沿用了高薪的模式。这些人才在享受着高薪的同时挑战着自己,不也非常好吗?

圈人并不是一件简单的事,需要费尽心血。分钱同样也是如此,科学分钱才能起到激励作用。华为在人才战略上一直走在前端,而且各种福利、奖金、分红等,更是令人羡慕。据了解,2017 年华为员工人均年薪为 68.89 万元。在这种分钱体制上,华为得到了什么?一方面,华为成为世界上申请科技专利极多的高科技企业之一;另一方面,华为每年都在实现高速增长,如今华为已经进入世界 500 强的前 100 名。因此,分钱对于企业的经营有非常大的影响。

怎样分钱才算是科学分钱呢?众所周知,老板的终极理想是赚钱,赚钱靠什么呢?靠老板的头脑吗?其实不然。能够为老板赚钱的,是企业的员工。员工落实老板的命令,也就能够为老板赚到钱。利润提成就是一种分钱方法。从利润中拿出一部分分给员工,既能满足员工的需求,也能激发员工的工作积极性,肯定员工的工作价值。另外,借助制度的绩效奖励也是非常有意义的。一些企业老板设置"PK 奖金",通过业务 PK,获胜一方可以赢得奖金。还有一些企业老板则热衷于年底分红,总之,科学分钱的方法有许多种。

圈人与分钱,是一家企业的两大重要任务,而这两大任务都与人相关。如果能够招募到优秀的人才,借助分钱机制留住人才,就能让自己的企业像众多优秀企业那样走上高速发展的快车道。

13. 分钱是格局,会分是智慧

[战略点睛]　分钱是格局,会分是智慧。

俗话说:"人为财死,鸟为食亡。"人是趋利的动物。钱是好东西,也是坏东西。钱可以满足人们的物质生活,让人们有足够的物质基础去建设自己的精神世界;钱也会让一个人"变质",因为贪图金钱而道德败坏的人也有许多。当然,金钱更多地扮演一种"生活必需品"的角色。人们工作是为了赚取金钱来生活,人们为老板工作,老板也会从中获利。简而言之,雇用关系就是一种"金钱"关系。这样的论述虽然有些赤裸,却是实实在在的。

既然人们工作的主要目的是金钱,用自己的智慧换取金钱也就是无可厚非的事情。对于这一事实,企业老板们是心知肚明的。工作一小时就要支付一小时的酬劳,工作一天就需要支付一天的酬劳,以此类推。员工工作,老板支付薪水,这是合情合理合法的。但是一位老板想要让员工创造更多的价值,恐怕仅仅支付岗位薪水是不够的,这远远达不到员工所需的标准。

浙江有一家贸易公司,公司老板姓杨,这位杨老板就是一位非常阔绰、非常豪气的人。20世纪90年代初，杨老板下海经商，创立了一家主营小商品的贸易公司。刚刚创业的时候，这家公司只有3个人。杨老板担任公司总经理兼送货司机，他的妻子担任副总兼财务，唯一的一名雇员是他的小舅子，主要负责跑市场。杨老板有一个观点：亲兄弟明算账，夫妻也要把各自的账目算明白。赚了钱，该怎么分就要怎么分，一定要客观公平。除了公平算账分钱之外，杨老板还是一位非常爽快的人，他对金钱的认识非常独到，他把金钱看成一种"鞭笞"工具，经常从薪水中拿出一部分，用以奖励下属。正因如此，杨老板的贸易公司发展得十分迅速，由最初的3人，发展到300人，公司规模也因此扩大了近百倍。

杨老板的贸易公司能够快速发展，与分钱制度密切相关。他始终认为：经营一家公司，分钱是第一位的。如果钱分不好，人就管不好，公司发展就会遇到阻力。杨老板还举了一个例子：他的一位朋友，很久之前就是某加工公司的老板了，但是这个人太过"抠门"，不但不发福利，奖金也少得可怜，甚至还常常不兑现。这位老板自认为自己很聪明，实际上他算了一笔糊涂账。老板抠门，换来的是员工出工不出力。如今，这家公司遭遇了"用工荒"，业界名声也不太好。杨老板总是能够从这些故事里吸取教训，把分钱看得很重，把员工的个人利益当成自己的利益去对待。

杨老板是如何分钱的呢？他认为，分钱制度化是非常有必要的。制度，就是一种强制措施，它能够把有条件变成无条件。制度化的分钱，就是把分钱当成一种长盛不衰的战略。分钱就像发工资那样有持续性，甚至分钱也是一种重要的激励手段。通过分钱，杨老板得到了高效的员工和卓越的团队执行力。

人合作的本质就是分，只有分得清楚，才能合得愉快。财聚人散，财散人聚。愿不愿意分钱是胸怀的问题，会不会分钱是思维的问题。如何分钱才能让合作长久？首先，分钱是一种眼界，一种格局，一种胸怀，正确认识分钱与财富的关系，才能成为财富的主人。很显然，分钱是一种财富共享的方式，与员工共享财富，才能把财富越做越大。其次，分钱是一种思维，这种思维也是一种逻辑，将分钱与企业的价值体系进行紧密结合，就能体现分钱的价值。最后，分钱的目的是合作。如果成为葛朗台，视财如命，恐怕也就结交不到朋友和伙伴了。

分钱是格局，会分是智慧。金钱不仅能够激励员工，还能确保员工的工作质量和创新水平。因此，一名企业老板不仅要学会分钱，更要科学分钱，把分钱当作一项重大的管理工作。

14. "治百病"的商业逻辑

[战略点睛] 小型企业业绩"治百病"，中型企业效率最重要，大型企业防微杜渐。

对于一家企业而言，选择对的管理方法是非常重要的。不同的企业有不同的管理方法，就像不同的人有不同的优点和缺点。小型企业有小型企业的管理方法，大型企业有大型企业的管理方法。现实中，有些人思维、视野非常广阔，甚至对授权管理等也十分精通，却被冠以"不切实际"的名号，原因是什么呢？

有一位小型企业老板，他曾经在某家大型企业做老总，退休后开办了一家小型企业。由于有大型企业的管理经验，他便把这些经验移植到小型企业的管理中。起初，企业的生意并不算好，但是这位老板眼光长远，并不在意眼前的业绩。他认为：做企业就是要有长远的眼光，不要在意一时得失。成就大事的人，要不拘小节。

话虽然这么说，但是业绩差的事实总也绕不过去。后来，这位企业老板不得不拿出自己的"老本"补贴企业。此时有一位老友问他："老兄，你是做企业呢？还是做社会慈善呢？如果这么一直赔下去，这样的企业还有存在的意义吗？"这位企业老板解释："我原本也想发光发热，利用业余时间给孩子们赚点零花钱，没想到还要搭上'老本'！"在朋友的建议下，这位老板把生意交给了儿子打理，他的儿子担任新老板。

新老板与之前的老板的管理风格迥然不同，他非常重视企业的业绩，一切管理工作都围着业绩运转。新老板说："业绩就是企业的生命，没有业绩的企业很快就会死亡。"于是他围绕业绩，设计了一系列的措施，包括针对业绩的奖励措施等。在营销方面他更是亲力亲为。半年之后，该企业的业绩有了明显好转。企业有了盈余，发展也逐渐进入快车道。

对于小型企业而言，业绩才是灵丹妙药。业绩，是企业发展的基础，没有业绩，企业也就无法生存。对于小型企业而言，生存才是最重要的事情。对于中型企业而言，企业已经初具规模，业绩也已经非常稳定，提高企业的运行效率，突破发展瓶颈是这个阶段的主要任务。

有一家民营企业，这家企业就像许许多多遭遇瓶颈的企业那样，难以攀登上另一个台阶。老板想要拓展企业规模，一是缺乏资金，二是缺少与之相关的好项目。换句话说，这家企业面临发展窘境。想要破局，需要找一个突破口。

该企业老板为了解决问题，甚至去多个地方"求学"，寻找"灵丹妙药"。有人给他出了一个锦囊妙计:"定期对企业进行'检修',保持或提高运行速度。"言外之意,运行速度起来了,企业才能发展起来。于是,企业老板采取了"三板斧":第一斧,精简岗位,撤掉虚设、低效的岗位;第二斧,精减人员,采取"末位淘汰制"对人员结构进行优化;第三斧,实行"绩效+精细化"管理,以绩效考核为标准,开展竞赛活动。"三板斧"落实到位之后,企业的运行效率明显加快了。企业就像一个人,"新陈代谢"速度快了,就会焕发生机。企业有了生机,才能够突破瓶颈。

小型企业靠业绩,中型企业靠效率,大型企业靠什么呢?有人认为,大型企业家大业大,有了足够强大的抗风险能力,因此"守业"是最重要的。当然,对于一位大型企业的老板而言,能够守住自己的"家业"就是一件非常了不起的事情了。如何才能"守业"呢?笔者认为,防微杜渐是最重要的!

何为防微杜渐呢?《后汉书·丁鸿传》中有这么一句话:"若敕政责躬,杜渐防萌,则凶妖销灭,害除福凑矣。"当错误的事情或者思想出现苗头的时候,就要引起高度重视,提前对错误进行制止和预防。对于一家大型企业来讲,它通常需要制定"风险防控体系",对各种风险进行提前预防。从整体上看,一家大型企业需要做好"三大风险"的控制和预防,即经营风险、财务风险、道德风险。

经营风险就是一家企业在经营过程中,产、供、销等环节因种种不确定性因素而造成的风险。经营风险通常与原料采购、产品生产、商品定价、市场选择等有紧密的关联。财务风险特指一家企业财务结构不合理或者财务制度存在缺陷而造成的风险。道德风险即人的风险。加强职业意识培养,建立培训型企业、学习型企业,对提高人的职业素质有非常大的帮助。因此，大型企业加强"三大风险"的控制和预防是非常重要的，它直接决定一家大型企业能否守住自己的"家业"。

现实之中，每家企业都有自己的"活法"，但是总体上的经营策略是大同小异的。小型企业重视业绩是为了发展，中型企业提高效率是为了破局，大型企业防微杜渐是为了"守业"。

15. 商业决策的重要依据：反馈

[战略点睛] 一线的反馈是决策者做决定的重要依据。

古代有一位皇帝，他特别崇尚权力，借助皇权扫平各种障碍。但是这位皇帝也有听信谗言的毛病，喜欢大臣们拍他的马屁。

有一年，这个国家暴发洪灾，数以万计的灾民无家可归，灾区暴发严重的瘟疫，死人无数。当地的官员心疼灾民，便快马加鞭赶来汇报。此时，皇帝正在宫中寻欢作乐。宫中大臣得知洪灾的事情，便单独"约谈"汇报工作的官员："皇帝为国事操劳已经很累了，你就不要再劳烦皇帝了，有话往好了说，给皇帝留下个好印象，说不定以后会提拔你。"这位官员怕得罪大臣，只能冒着"掉脑袋"的危险向皇帝撒了个谎："皇上，某某地区虽然暴发洪灾，但是洪水已经退去，当地老百姓正在有序地开展自救工作。"皇帝一听非常高兴，拍着大腿说："这是佳报，赏！"

官员虽然领了奖赏，却不敢花。他只能用这笔钱购买控制瘟疫的药材，希望把灾区疫情蒙混过去。但是瘟疫的情况难以控制，这远超这位官员的想象。疫区范围越来越大，许多地方甚至开始出现"叛乱"的迹象。后来皇帝虽然也听到一些瘟疫的消息，但是并没有当回事。坊间的百姓则哀叹道："天高皇帝远，死活只能靠自己。"

久而久之，灾民对皇帝的"不作为"越来越不满，灾民开始反抗。皇帝得知灾民已经暴乱，且暴乱规模之大，甚至可以撼动皇室根基。为了稳固自己的皇权，皇帝只能派兵平乱。战争断断续续持续了数年，这个国家因为内耗而满目疮痍。听信小人谗言而听不到民间的声音，让这位皇帝一错再错，差点毁掉自己的国家。

现实中，有许多企业老板也像故事中的皇帝那样两耳不闻天下事，只顾着做自己的决策，这种脱离实际的决策仿佛山顶之上飘来的浮云，缺乏必然依据。我们都知道，倘若一个决策缺乏依据，要么行动出现错误，要么行动无法进行。对于一家企业而言，错误的决策带来的后果是非常可怕的。因此，对于企业决策者而言，了解一线信息是非常重要的一项工作。

有一位企业老板，非常重视一线反馈信息。他坚持每天召开晨会，借助晨会了解一线经营的实际信息。这位老板说："现在的商品市场，可以用'瞬息万变'来形容。如果不能够了解当前的行情，就无法正确做出决策。"他举了一个例子："之前有一段时间，下游产品的市场价格行情一天一变，因此决策方必须根据市场行情每天调整出货价格。比如 A 产品，昨天的价格是 2000 元/吨，而今天的价格是 2100 元/吨。如果决策方不了解一线行情而错过涨价的机会，按照企业一天出货量 500 吨去计算，一天就会损失 5 万元纯利润。"

由于一线市场的产品价格的波动可能，这位企业老板必须竖起耳朵，每天倾听来自经营一线的反馈信息。如果某经营人员因出差而无法参加晨会，他便要求经营人员将一线信息汇总，每天发至他的微信。这样做也是为了准确进行决策，将正确的命令传达下去。通过晨会上的信息反馈，这位企业老板几乎可以 100% 做出正确决策，企业也因为老板的正确决策而受益。

第一时间倾听一线反馈的声音对企业决策者而言是一堂必修课，让企业决策者养成主动收集反馈信息的习惯非常重要。如何才能帮助企业决策者养成这种习惯呢？企业决策者可以参考以下方法。

（1）建立反馈平台。

建立反馈平台或者搭建反馈沟通渠道，决策者就可以直接倾听员工的反馈。故事中所介绍的晨会，就是一种反馈平台。另外，还有一些企业决策者选择使用晨会与夕会相结合的方式接收反馈。

（2）坚持一日三问。

有一些企业，涉外办事处较多，地理跨度因素制约了晨会或夕会等信息反馈会议的召开，这就需要企业决策者一日三问，主动而直接地与相关责任人进行沟通，并了解一线信息。所谓一日三问，就是早晨问、中午问、下午问。

（3）记录反馈信息。

有一些反馈信息是非常重要的，它有可能直接影响企业的经营结果。对于这些重要信息，企业决策者要及时对其进行记录。

通过以上三个方法，企业决策者可以逐渐养成主动倾听反馈信息的习惯。借助精确的反馈信息，企业决策者才能进行有针对性的决策和部署。

16. 赚钱不如值钱的法则

［战略点睛］ 公司赚钱不如自己值钱。

赚钱，似乎人人都会。只不过有的人赚得多，有的人赚得少而已。对于公司而言，赚钱让其本身有了存在的价值。如今，赚钱的方法五花八

门，但是世界上还有一种公司，这种公司似乎并不以赚钱为目的。

欧洲有两位年轻人，他们合伙创建了一家名叫 Quick 的咖啡馆。这家咖啡馆并不是传统的咖啡馆，更类似于快餐店。简单的一个长吧台配上几把高脚椅，消费者可以在这里以最短的时间消费一杯去冰的咖啡，收费也仅仅只是传统咖啡馆的三分之一。其中一位年轻人认为，Quick 咖啡馆的定位就是"快"，这种快就是 Quick 咖啡的品牌文化。

我们知道，咖啡一度是慢生活的代名词，如果给咖啡加上 Quick，似乎就有点串味了。起初，这家咖啡馆主要以 Quick 咖啡文化的推广为主，咖啡带来的收入恐怕不够买一条好一点的牛仔裤。不仅如此，他们还热衷参加各种街头活动，希望将街头文化与 Quick 咖啡进行结合。几个月过去了，这家咖啡馆的生意似乎有了点起色，但是收入偏少的问题依旧没有解决。后来有一位 Quick 文化的倡导者鼓励他们："对于你们而言，创造一种全新的生活方式似乎更有必要。"

在众人的努力下，这家咖啡馆的 Quick 文化似乎已经引起了当地年轻人的共鸣，许多人甚至开始因体验一杯 Quick 咖啡而自豪。Quick 咖啡品牌被彻底"点亮"了。一种氛围的形成一般需要很长时间，而 Quick 咖啡馆只用了一年零三个月。Quick 咖啡馆火了，从第一家咖啡馆开业到第二十家咖啡馆开业，Quick 用了不到两年时间。咖啡馆的忠实"粉丝"对 Quick 咖啡馆的评价是：Quick 咖啡馆创造了一种生活，它更像是一种生活符号，这个符号可比每一杯咖啡赚 10 个便士有意义多了！

Quick 咖啡馆出名了，而名气就是财气。后来 Quick 咖啡馆还推出了广受推崇的 Quick 饰品和 Quick 玩偶。

赚钱与值钱是两个概念，同样也是赚钱的两种境界。赚钱，可以看成一种技能，人们通过这种技能把钱赚到手。值钱，可以看成一个"动词—名词"的组合，它既能体现自身价值，又能通过自身价值带来额外收益。一家名不见经传的小公司生产的智能手机卖 500 元，而一家知名大公司生产的相同配置的智能手机可以卖 1000 元。因品牌和知名度带来的"衍生价值"是公司值钱的原因。

另外，如果公司赚钱了，能持续保证利润，这家公司也就会更值钱，就可能被投资，所以，在用业务赚钱的同时，要让公司更值钱。

现实社会里，许多年轻人并没有把赚钱放在首位，而是把"镀金"放在重要的位置。何为"镀金"呢？就是想尽办法提升自己的综合素质和职业履历，丰富自己的人生色彩。"镀金"的直接作用就是让人变得更加具有竞争力，更加具有实力，体现应有的价值。因此，他们通过自学或者社会考试，通过提升学历或技能的方式让自己变得更加值钱。我们都知道，公司招聘本科学历的员工与招聘研究生学历的员工给出的待遇是有差异的。学历较高、能力较强、履历较丰富的员工，从踏入新公司的那一刻起，就会获得比其他普通员工更好的收入和待遇。

广东有一家服装公司，最早给某知名公司代加工服装，每加工一件服装只能换来几元的加工费。很显然，这样的模式很难让公司得到锻炼和成长。这家服装公司的老板也有难言之隐："之所以做代加工，是因为公司没有足够的实力做品牌。一方面我们缺乏相关的设计人才，另一方面我们缺乏相关的渠道和知名度。"没有人才，没有渠道，公司就像失去了"两条腿"，只能靠接订单维持生产。但是这家公司的老板也有危机感，他说："公司需要升级、改革，让自己变得值钱、有竞争力，只有这样才能把命运牢牢抓在自己的手里。"

　　为了让公司升级，这家服装公司成立了自己的设计部门，聘请业内有名的设计师为公司设计服装。一方面，公司继续利用代加工资源赚加工费；另一方面，公司开始进行品牌渠道的搭建工作。品牌的筹建与渠道的重塑，是一个漫长的过程，是一个量变引发质变的过程。在漫长的等待过程中，该公司并未"坐以待毙"，而是借助培训等方式帮助员工进行综合素质提升。公司老板认为：想要让公司变得值钱，就必须让公司员工变得值钱。凭借这种执着奋斗的精神，这家公司终于甩掉了代加工的帽子，走上了品牌经营之路。

　　公司赚钱不如公司值钱，而公司值钱的目的是让公司赚更多的钱。让公司值钱的方式有很多种，比如加大人才建设和品牌建设，提高公司的知名度，升级产业链等。赚钱只能一时，而值钱却能一世！

17. 目标决定方法

[战略点睛]　目标决定方法，生活、商业都一样。

　　我们都知道，目标对于一个人是多么的重要，以至于"目标高度决定人生高度"一类的话一直被许多人当成座右铭。什么样的目标决定什么样的人生，什么样的目标决定什么样的未来，什么样的目标决定什么样的思想。目标因人类的思考与实践而变得有意义。

　　生活如此，商业上也一样，同样用两年的时间，赚钱目标不一样，采用的方式一定不一样。目标是赚 20 万元，努力就可以，只要不断持续努力，是很有可能实现的；目标是赚 2000 万元，只努力是不够的，需要让更多的人帮你努力，因此才会有那句话，"成功不在于你能做多少事，而在于你能让多少人为你做事"，你需要会建设团队，会招募代理商，总之，帮你做事的人要多，否则这个目标你自己很难实现；目标是赚 2 亿元，光靠努力难度也很大，要懂资本，要学会用资本的力量，把项目资本化，或者考虑上市等。目标不一样，采用的方式不一样，策略不一样，路线更不一样。

有一群喜欢登山的年轻人，他们热衷于登山，热衷于挑战一切难以被征服的岩壁或者山峰。其中有一位年轻人，他有一个伟大的梦想，他说："我想要实现 14 座 8000 米高山全部登顶的梦想。"在此之前，这位年轻人只有登顶过几座 5000 米以下山峰的经验。

定下这样的宏伟目标，就需要把自己的肉体与灵魂调整到一个最佳的契合状态。所谓肉体的状态，就是让身体能够充分适应高山攀登的状态，比如锻炼肌肉力量、掌握攀登小窍门等，我们可以把这些归为攀登的技巧；所谓灵魂的状态，就是让精神、情绪能够适应高强度的体力活动和危险的自然环境所带来的压力，我们可以把这些归为攀登的心理调整。攀登的技巧与攀登的心理调整构成了攀登的方法和攀登的哲学。

有了这样一个宏伟的挑战目标，这位年轻人开始进行与登山相关的耐力训练、练习攀冰技巧，通过加强肺活量训练提升自己抵抗高原反应的能力。总之，有了人生目标，也就有了冲击目标的方式方法。这位年轻人循序渐进，先易后难，先低后高。他征服的第一座 6000 米的山峰是玉珠峰，当他成功征服玉珠峰后，便开始征服后面的一系列高峰。七年内，这位年轻人已经征服了希夏邦马峰、马纳斯鲁峰、卓奥友峰、珠穆朗玛峰四座 8000 米以上的山峰。

这位年轻人说："事实上，珠穆朗玛峰并不是最难征服的山峰，那些看上去不如它高的山峰，更加美丽、更加致命。我想我的目标就在那些没有被人造访过的处女峰的山顶上。"

经营大师稻盛和夫认为：经营要先设定具体的目标，再根据目标找出达成此目标的方法。许多人或者企业，终其一生不就是为了寻找一条通往理想的道路吗？这条道路，就是一种方法，借助这种方法，人们才能达成所愿。故事中的年轻人，为了实现自己的目标而寻找方法，他苦练本领，修炼自己的内心，通过循序渐进的方式一点一点接近目标。这种循序渐进的方式，其实是在给理想之路设定"短目标"。有一家企业给自己设定的终极目标是 10 年内实现上市，这家企业在设定目标的时候，还仅仅只是一家拥有 15 名员工的初创企业。后来这家企业从短期目标开始，一步一步接近终极目标。最后这家企业实现了上市的目标，而且提前两年完成了该目标。

另外，许多企业家都提到了知行合一这个概念。什么是知行合一呢？简而言之，就是将一个人的思考与一个人的实践进行结合，而两者碰撞就会产生化学作用。对于一家企业而言，知更像是一个目标，行更像是一种方法。有了目标，方法也就诞生了；没有目标，也就没有方法可言。知行合一，就是将目标与方法进行统一，既能做到"知中有行、行中有知"，又能做到"以知为行、知决定行"。

一家企业要有目标，有了目标，才有通往目标的方法。有一个人，他的人生目标就是环游世界，为了实现短距离的旅行目标，他学会了骑自行车；为了实现中距离的旅行目标，他学会了开汽车；而针对远距离的旅行目标，他会选择乘坐飞机；为了去沙漠、雨林等地探险，他努力提高自己的生存技巧。因为设定了目标，这个人学会了骑自行车、开汽车、野外求生技巧等本领。如果把这个人换成一家企业，企业的经营者也会找到经营的方式方法。

营销大师博恩·崔西认为：要达成伟大的成就，重要的秘诀在于确定你的目标，然后开始干，采取行动，朝着目标前进。目标不但有方向性，而且有指导性。方法因目标的存在而具有实际意义。

18. 找到客户的首要诉求

[战略点睛]　想要成功，就要找到客户的首要诉求。

谈到营销，我们就会想到客户。客户的购买决策让营销行为产生。营销工作一直被看成一种双向互动行为，即销售商与客户之间的双向互动行为。通常来讲，客户会产生购买动机，购买动机也就是人们常说的需求。需求分为两种，一种是外在需求，外在需求是一种可以诉诸语言的需求，我们也可以称其为诉求；另一种是内在需求，即"冰山以下"需要被引导、开发且不可名状的需求。现实中，90%的客户需求是一种诉求，就是一种可以描述、形容、评价的需求，比如对所需产品的正面描述，其中包括产品质量、价格、用途、使用寿命、体验性能等。当一位客户对你说出这样的描述，你就应该注意了！这些描述就代表着客户在表达诉求。能够满足客户的诉求，才能完成营销工作。

为何说营销要找到客户的首要诉求呢？客户来游乐园玩，玩得开心是首要诉求，但是如果这家游乐园提供的是可以住三天甚至许多天的休闲旅游服务，那么良好的休闲住所也会变成一种诉求，因此有的客户会要求游乐园的设施好玩，有的客户会要求住宿环境好，有的客户会要求饭菜味道好。不同客户的需求不一样，企业要先分析客户的首要诉求，即什么是客户最在乎、最主要的诉求，要把这个诉求做到极致，让客户满意，而不能顾此失彼。

有一位年轻人，他开了一家饭店。这家饭店并不主打"高端大气"，但是非常有人气。这家饭店的名字叫"八零后食堂"。事实上，一听这样的名字，我们就知道年轻人的饭店主打"80 后"这个概念。

为了抓住"80 后"客户，年轻人进行了大量的深入调查工作。他邀请了许多"80 后"的朋友来自己的饭店，然后让他们参与设计一些"有趣"的项目。比如，有一位"80 后"女生提出，"80 后"这个群体，虽然年龄不算很大，但是也需要一个相对稳重的就餐环境。还有一位"80 后"男生认为："80 后"喜欢一些聚会之类的活动，饭店也可以定期举办一些小型聚会。

这位年轻人将所有人的意见和诉求都记录整理了下来，然后对"八零后食堂"进行改造。很显然，这样的改造是非常符合商业逻辑的。后来，这家饭店每个周末都会举办一次"80 后聚会"，还成立了"80 后俱乐部"。许多"80 后"客户来此消费，并不是为了吃饭，而是为了参加活动或者结交朋友。当然，这家饭店菜品的价格非常实惠，而且菜品味道也符合大多数"80 后"客户的口味。

如今，这家饭店规模已经扩大了两倍，而且正要准备在该城市的繁华路段开第二家分店。这位年轻人说："客户永远是对的！如果我们认为客户的诉求是无理的而采取不予处理的态度，不仅会丢掉一位客户，还有可能会丢掉一群客户。"

抓住客户的诉求，并正确处理客户的诉求是一件非常重要的事。客户的诉求等同于"卖点"，抓住客户的诉求就等同于抓住了"卖点"。那么客户会怎样表达他的诉求呢？

（1）通过语言表达。

通常来讲，一位客户喜欢或者不喜欢你的产品，会直接表达出来。比如客户会直接说出自己的判断："你的产品不错，我很喜欢。"如果客户表达出喜欢的情绪，也就表明客户对这个产品感兴趣；反之，则对产品不感兴趣。还有一些客户会通过"转移话题"的方式表明自己对产品的态度。因此，销售商要分析客户的语言，快速做出判断并给出自己的服务。

（2）通过眼神表达。

眼神也是一种语言，这种语言可以通过眼神的变化反映出来。比如一个人怀疑，就会给出质疑的眼神；一个人认可，就会给出肯定的眼神；一个人不认可，就会转移视线。总之，眼神的变化就是客户的内心变化。掌握识别眼神的技巧是非常重要的。只有这样，销售商才可以快速了解客户的心理变化，并给出正确的、有针对性的服务和对策。

（3）通过肢体表达。

肢体语言也是人类语言的重要组成部分，一个人常常会通过肢体动作表达对事物的看法，比如点头表示"是"，摇头表示"不是"等。另外，许多人会通过动作传递一种态度。比如客户在谈判过程中突然起身，则表示"不认同""不接受"；比如客户顾左右而言他，则表示他对你的产品不感兴趣。因此，结合客户的肢体语言也能够判断出客户的诉求是否得到了满足。

在处理客户诉求的时候，销售商还要学会换位思考，凡事从客户的角度出发。换位思考是一种智慧，还是一种"读心术"。抓住有利的时机，为客户精确推送真诚的服务，或许就能够打动客户，让客户掏钱埋单。

19. 寻找顾客中的同路人，释放顾客孤独感

[战略点睛] 企业要寻找顾客中的同路人，释放顾客的孤独感。

有人说："人是孤独的。"人从出生之日起，就开始面临孤独的侵扰。人们为了摆脱孤独而交朋友，社交也是一种缓解孤独、释放压力的方式。

前段时间，有一位朋友内心非常孤独，给笔者打来电话，希望能坐在一起聊聊天。对他来讲，释放孤独就是一种需求。还有一些人，用购物的方式释放自己的孤独，商业组织提供的产品和服务也具备释放顾客孤独感的功能。

有一家健身俱乐部非常有趣，它提供一种减压运动项目，这种减压运动项目就是"搏击小人"。如果顾客能够在十分钟内打倒"搏击小人"二十次，就可以参与健身俱乐部的抽奖。现实中，许多人工作压力巨大，孤独感与压力如火山一般。许多人看到这样的减压方式效果不错，便来健身俱乐部尝试减压。

健身俱乐部的老板说："'搏击小人'的发明，源于我的一次减压经历，我发现通过击打某一个物体，可以将身体内的负能量转移出去，从而达到减压目的。"事实上，在设计减压游戏之初，健身俱乐部的老板自己也是一名顾客，从顾客到老板的转变，是一种身份上的转变，但是他将一种体验转化成了减压产品。从某个角度来看，这位老板与顾客成了同路人。古人说："身无彩凤双飞翼，心有灵犀一点通。"成为顾客的同路人，才能知顾客、懂顾客，感受到顾客的那种孤独。而在此时提供的产品，就能给顾客带来"解药"，帮助顾客释放出孤独感和压力。如果用医学中的一句话来形容，就是"对症下药方可药到病除"。

后来，"搏击小人"走红当地，许多人去健身房并不是为了锻炼身体，而是为了击倒"搏击小人"，获得快感。当然，健身也是一种非常好的减压方式。而健身房的各种器材就变成了减压产品。通过这些产品，这位健身俱乐部的老板交了朋友，也赚了钱。

因此，你要懂顾客，现在的顾客需要经营者去理解，当顾客认为你懂他的时候，你就与顾客建立了一种联系，他也容易把你当成自己人。

更多时候，企业把顾客的需求看成一种"需求释放"，即通过填补需求而实现精神方面的满足。对企业而言，为顾客提供的产品和服务一定要具备释放孤独感、满足精神需求的特征。本节所说的同路人，就是用一种换位思考的方式，把自己变成顾客，用心去感受顾客的需求，用耳朵去倾听顾客的诉求。顾客到底要什么样的产品和服务？什么样的产品和服务才能释放顾客的孤独感？这些问题看上去都很"棘手"，如果企业无法释放顾客的孤独感，就会与顾客"形同陌路"，最后就会与顾客"分道扬镳"！企业失去了顾客，也就没有存在的意义了。

有一位企业家则认为：为顾客带来幸福感就是一个帮助顾客释放孤独感的好方法。如何才能给顾客带来幸福感呢？通常来讲，极致的体验是产生幸福感的重要方式。

有一家家具工坊，其设计的家具非常有个性。这家家具工坊设计的椅子，靠背的弧度与人体脊椎的弧度是完全吻合的，而扶手的高度和宽度也能够给人带来极致的体验。这家家具工坊重视细节，提升椅子的美观度和舒适感，产品既能给人良好的视觉体验，又能给人极致的亲身体验。家具工坊的老板认为：一把椅子只是给人提供一个座位而已，但是这个座位的舒适程度却有非常大的差异。

众所周知，人们出行坐火车首选高铁，高铁不仅速度快，更重要的是座位舒适，即使连续坐几个小时也不会过于疲劳。其次，人们选择软座列车，至少软座的舒适程度要明显好于硬座。只有当高铁、软座车票售罄的情况下，人们往往才会选择硬座。很显然，硬座除了价格便宜之外，很难给人们带来舒适的乘坐体验，至于幸福感，就更无从谈起了。

这家家具工坊的设计理念是为每一位喜欢思考的人提供一把符合人体工学的椅子，而这把椅子会让每一位正在思考的人忽略椅子的存在。这样的设计哲学，就是让椅子成为顾客身上的某一个"器官"，坐在这把椅子上能够释放孤独感，体验幸福感。

一款优秀产品本身就已经具备了与顾客进行"情感连接"的功能，而这种功能可以满足顾客的深度需求，从而变成顾客情感体验中的一部分。另外，服务的本质也是产品，它同样具备这样的功能。对于企业而言，想要提供这样的产品和服务，就需要成为顾客的同路人，只有感同身受，才能释放顾客的孤独感，把顾客变成朋友或者亲人。

20. 好产品 = 客户感动 + 推荐

[战略点睛]　好产品客户看了会感动，买了会珍惜，用了会推荐。

互联网时代是一个"快时代"，因此所有的商品、服务都围绕着"快"进行，比如充电快、见效快、体验快。但是在"快"的催促下，许多商业组织提供的产品和服务的质量也开始呈现下降趋势。是不是以牺牲质量为前提才能让消费提速呢？很显然不是。

如今，人们对产品质量的要求越来越高，挑剔的胃口和眼光也督促着各个商家必须要把产品放在第一位。美国有非常严格的管理条例。在这种高标准严要求下，餐厅老板必须要把餐厅收拾得非常干净、卫生。餐厅提供的食品，不得过期、变质，查出问题将会面临严厉的处罚。在我国，针对餐饮业的管理条例也是非常细致而严格的。有一位老板坚持高标准的管理，在产品处理方面也严格按照传统要求去做。因此，他的餐厅推出的菜品非常传统、地道，几乎很难被客户挑出毛病。这家餐厅虽然是一家高消费的高档餐厅，但是生意非常好，餐位需要提前一周进行预约。有一名在中国工作的美国人，吃了这家餐厅的牛排之后竖起了大拇指，说："我吃到了有'妈妈味道'的牛排。"后来，这名美国人将其推荐给许多朋友，甚至直接邀请朋友来这里吃牛排。

有一家有趣的面馆，这家面馆的老板推出了有五块牛肉的牛肉面，并承诺，这五块牛肉分别来自牛身上的五个部位，且每一块牛肉都是20克。很多人认为这是一种噱头，但是有一位资深老饕给出这样的评价：这位老板并没有撒谎，他的牛肉面确确实实有五块牛肉，每一块牛肉都足量且来自牛的不同部位。面馆老板的真诚以及产品质量为他赚来了一大群"粉丝"。有一位"粉丝"说："这家面馆的牛肉面的口味一直没有变，牛肉数量还是五块，每一块牛肉还是20克，并没有因为成本上涨而降低品质。"这位老板给出的建议是：价格可以随行就市，但是牛肉面的品质一定要保证。只有保住这一碗牛肉面的口味和质量，面馆才能持续经营下去。

前面我们提到了一个词——幸福感。什么是幸福感呢？就是一个人在自身需求得到满足的情况下产生的一种愉悦感受。比如人们在炎炎夏日品尝到一款精致的、味道极佳的消暑甜品，幸福感就会油然而生。幸福感是一种满足感，更是一种卓越的体验。企业能够给客户带来幸福感，也就能够打动客户。

在福建，有一位茶文化爱好者开了一家茶馆。茶馆的装修风格遵循传统，既内敛又典雅，为客户营造了一种非常舒心的氛围。营造饮茶氛围，当然斥资不菲。因此，人们会将它与高昂的收费联系起来。但是茶馆老板并没有这样做，而是制作了别致的营销海报，借助海报宣传茶馆的平民服务和高性价比消费。

这家茶馆里的每一款茶叶都是由老板亲自炒制或者监制的，既保证了茶叶的品质，又能保证茶叶的产地正宗与口感的纯正。茶馆推出的"正岩岩茶"系列，不仅茶叶源自"正岩"，而且茶叶均由当地的名师手作。在茶器的选择方面，更是有讲究。每一款茶配一把不同泥料的紫砂壶，茶杯则是容量为 45ml 的手绘青花茶杯，给客户带来良好的视觉享受。

高品质的茶、优美的茶器、温馨舒适的消费环境、高性价比的消费体验，如果把这四个元素凑在一起，就会给客户带来极致体验。因此，这家茶馆的生意非常好，甚至需要提前一周进行预约。茶馆的老板说："我并没有进行刻意宣传，帮助我宣传的其实是常常来茶馆喝茶的朋友们。"

为什么这家茶馆的生意好呢？前面提过，好产品客户看了会感动，买了会珍惜，用了会推荐。客户知道老板亲自炒茶，感动于老板的用心，因为知道茶叶的制作过程，买回去也会珍惜，更愿意宣传，茶馆是这样，其他产业也可以设计到这个程度。一件产品，设计得符合客户需求，客户就会感动，买回去如果很好用，客户就会珍惜，而如果它物美价廉，客户就会传播。

一款好产品，能够把客户变成推销员。好产品客户看了会感动，买了会珍惜，用了会推荐。那么什么样的产品才是客户心中的好产品呢？

一款好产品，要满足客户的"虚荣心"。通常来讲，一款产品可以满足客户的基本需求，但是无法满足客户的"虚荣"需求。"虚荣"并不是一个贬义词，而是一种精神值的体现。我们都知道，能够满足一个人的"虚荣心"，这个人就会产生一种愉悦感。人人都有这样的"虚荣"，而这种"虚荣"是构建幸福感的基础。

一款好产品，要满足客户的"体验感"。体验，是一个人获知世界温暖的唯一方式。一个人难以用眼睛估算出冷暖，所有的事物都需要用手触及、用身体体验。只有亲身体验过了，才能知道事物的好坏。一款好产品，一定能给客户带来非常好的体验。良好的体验，也是好产品的基础属性。

一款好产品，要满足客户的"神秘感"。"神秘感"也叫"神秘需求"。因为人人都有好奇心，产品自带的猎奇属性就可以营造出"神秘感"。另外，"神秘感"还兼具一种未来属性，即创新。言外之意，对一个商业组织而言，研发和创新是重中之重。

符合上述三个特征的产品，就是好产品。只有这种产品，才能打动客户，才能让客户成为商业组织的免费推销员。

PART 4
商业心态改变世界

1. 商业创新：我们要有时代感

[战略点睛]　我们生活在这个时代，一定要有时代感。

人类的智慧是推动时代发展的重要力量。时代的发展，意味着人也在不停进步。有一个词很贴切，叫"与时俱进"。与时代一起进步，是一种适应社会的生存方式，也是一种"适者生存"的方式。适应时代，与时代一起发展，既是基础性的"生存哲学"，也是一种时代感的体现。一个社会人，并不能独立于时代而单独存在。人本身就是一种具有时代性的动物。一个人拥有时代感，才能融入时代之中，才能成为推动时代发展的力量。

15 年前，在超市门口搭一个舞台，装上音响找一群人跳舞，会有很多人围观，主持人拿麦克风促销，效果很好；15 年后，这样的促销活动依然有人围观，但是围观的人少了，且效果没有那么明显。不是方法错了，而是时代变了。

以前电视是品牌传播的主要途径，做广告最好上电视，而现在手机是品牌传播的主要途径，好的广告往往占领移动互联网终端，不是电视不好，而是时代发生了变化。

以前就餐的方式多数是在家里做饭或在餐厅用餐，现在外卖大行其道……

我们在这个时代，就要和这个时代的习惯、生活方式、科技进步速度相符，这就是我们所说的时代感。

古人言："识时务者为俊杰。"虽然时务与时代有区别，但是本质上是相似的。识时务，就是认识并接受当下的力量，是一种"接地气"的做法，过于保守或过于超前都不行。在一个开放的时代，"开倒车"是一种保守，这种保守的最终结局是被时代所淘汰；在一个时代里不切实际的空想是一种过于超前的思维，这种超前思维仅仅是一种幻想，一种空中楼阁，一种无法扎根于土、不切实际的想法，因缺乏实践证明而失去意义和价值。时代感，是一种情感，还是一种意识。一个人如果没有时代感，各种问题就会接踵而至。

有一家传统企业，在互联网时代一直坚持传统渠道。后来，这家企业遭遇营销难题，传统渠道已经无法满足营销需求。此时，有一位年轻人提出了互联网营销的想法。

按理说，互联网作为一种被普遍使用的营销工具，借助互联网拓展营销渠道是非常好的一件事。当年轻人提出这样的想法时，却遭到了反对。总经理的反对理由是：传统产品并不一定适合互联网渠道。营销经理的反对理由是：互联网虚假信息太多，不靠谱。还有一些员工的反对理由是：互联网营销只是一个噱头罢了，选择互联网营销只不过是想出风头而已。反对声此起彼伏，为了不得罪人，这位年轻人最后放弃了自己的想法和尝试。

虽然互联网与时代并无直接关系，但是人的思想理念与时代却有着紧密联系。很显然，这家传统企业是保守的，管理者的思想和大多数员工的意识也都是保守的。没有开放的思想，也就无法与时代接轨。

　　几年后，这家传统企业倒闭了。倒闭的主要因素有三个：第一，产品竞争力不强，市场同类产品太多，产品市场严重饱和；第二，转型投资失败，资金链断裂；第三，企业管理出现了问题，大量人才流失。事实上，这三个因素都是致命的。这三个因素也不约而同地指向同一个词：保守。有一位企业家认为：如果与时代发展潮流对着干，最后的结局就是被时代抛弃。跟随时代潮流，拥有时代精神，才是当代企业家应该具备的素养。

　　人从出生的那天起，就被赋予了时代色彩。就算是追求真理的哲人，也要拥有时代的眼光，活出时代的色彩。时代，是一个时间、空间形成的区域，每一个自然人都要在这个区域内生活、工作。在一个安定、祥和、快速发展的时代，拥抱时代，随遇而安不也是一种聪明之举吗？如今，有一些人拥有看似叛逆的精神，这种叛逆似乎与主流看法是不一致的。因此有人会武断认为：叛逆不是好现象，最后要吃叛逆的亏。但是，有时代精神的叛逆似乎更加值得期待。这种叛逆常常与创新相关联，与变革有共同语言。互联网时代最大的特点就是变，而叛逆的本质也是变。主流看法仅仅只是一个方向，这个方向并不具备"审判"作用。唯有带有时代色彩的尝试是最重要、最靠谱的。

　　时代感还是一种可以引起共鸣的东西。拥有时代感的人，才有相同的志趣，才有可能成为同路人。有人说："释放客户的孤独感，才能把产品卖得好。"如何才能让客户不孤独呢？那就是与客户站在同一个角度，用客户思维解决客户的问题。客户，是时代下的自然人；客户的需求，是时代作用下产生的需求。因此，商业组织为客户提供的产品和服务一定要有时代属性。如果客户对现代工艺品有需求，而你只能提供老旧样式的传统工艺品，客户自然不会买账。

时代感是抽象的，或许难以用一个精确的词抑或准确的句子去诠释。但是时代之下便产生了时代感。拥有时代感的人，才能够展示出积极的一面、创新的一面、包容的一面。

2. "以你为出发点"的换位

[战略点睛] 企业要从"以我为出发点"转变成"以你为出发点"。

如今有一个词常常被人提及：同理心。什么是同理心呢？同理心就是心理换位、将心比心。同理心是一种非常有意义的尝试性心理思维，它可以帮助人们解决沟通障碍等问题。有一名学生注意力不集中，常常被老师点名批评。这位老师固执地认为，学生因为顽皮才不爱学习、上课走神。事实上，学生则认为老师讲课枯燥、一点也不生动。而同理心就是，老师用沟通代替具有"主观色彩"的批评，这种沟通能够让老师发现自己存在的问题而设法改进自己的教学方法。

同理心的核心思想是换位思考并接受对方的建议。现实中，几乎所有的人都是"以我为出发点"，采取一种先入为主的沟通方式。即使是面对一个不存在的事物，也要先打好框架。比如，有一些人因为好奇而询问，常常被误认为有相关的需求。销售员用一种主观方式向这些人推销商品时，就会遭到拒绝。而科学的营销方式，应该借助沟通式的询问了解并判断客户的需求程度，从而选择营销工具。

有一些人认为：同理心是一种感同身受的状态，通过感受别人来衡量自己所处的位置。因此，有一些人会树立一种观念，即"别人对我好，我就对别人好"。这种心理，常常被人用于社会交往中。假设某人在职场中得到了同事的关怀，那么他也会"将心比心"，用另一种关怀去回馈。俗话说："滴水之恩，当涌泉相报。"这个"将心比心"的例子就是如此。当然，在商业领域里，商业组织始终坚持"客户是上帝"的营销服务原则，毫无保留地去爱自己的客户，替客户着想。

有一家成人教育机构，这家机构在业内比较有名。如今有许多人自感职业压力巨大而选择成人培训，提高自身的竞争力。这家教育机构，师资力量不错，而且业内口碑很好，培训服务也非常到位。

某年，有一位年轻人咨询报名学习培训班，但是这位年轻人不知道学什么好，在选课方面犯了愁。招生人员例行询问："先生，您现在从事什么样的工作？"听到这个问题，这位年轻人有些生气："我做什么工作与你们有什么关系？你这里到底都有什么特色，你就按照最有特色、师资力量最强的随便给我报一门吧。"

如果招生人员略微了解一点心理学，或者能够有同理心，就能感受到年轻人的这种烦躁不安。因此在询问时，应该尽可能地避开一些敏感话题。比如可以直接询问客户的兴趣："您平时喜欢什么？"根据客户的兴趣和喜好去推测，然后给出一个选项，让客户做决策。

后来，一名比较有经验的招生人员笑着对年轻人说："请您消消气。如果我们知道您的兴趣爱好，就能给您推荐一门相对而言比较符合您要求的课程。"在招生人员通过这种方式进行引导后，年轻人开始表达自己的想法，他打算强化一下计算机应用方面的技能。于是，成人教育机构给他安排了课程，并根据他的作息习惯，安排了下午的课程。教育机构的经理说："学员就是客户，客户也是学员，在平衡客户与学员两者的关系上，我们必须要多下功夫。"

在笔者看来，沟通是最重要的，而沟通的前提就是坦诚。如果客户认为你坦诚，就会收起内心的防备，告诉你真实的想法。如果你不坦诚，而是用一种居高临下的态度去对待客户，客户也会用一种居高临下的态度看你。谦虚是沟通的第二前提。一个谦虚低调的人更容易被人接受。

有人说："别人眼中的自己，才是真正的自己。""镜子理论"就是指通过别人的评价来评估自己。同理心原则，也适用于"镜子理论"。当我们看到客户的时候，就要把客户当作自己。客户的一言一行，就是自己的一言一行。思客户之所思，想客户之所想。通过这种方式，我们才能挖掘出客户的真实诉求。

当然，同理心也是一种技能，它包含了观察技能、沟通技能、倾听技能、引导技能、判断技能等，甚至还需要人们借助更加专业的心理学知识来控制整个沟通交易过程，从而确保客户的需求得到满足。

在商业上，以我为中心，自以为是，不考虑客户的感受，容易造成严重的后果。企业要从"自以为"转变成"他以为"，从"以我为出发点"转变成"以你为出发点"。

3. 局内与局外：见识比知识重要

[战略点睛] 边界之内是知识，边界之外是见识。

俗话说："读书破万卷，下笔如有神。"书是好东西，书里面的知识能够让人拥有改造自我、改造世界的能力。还有一句话是"读万卷书，不如行万里路"。有时候人们也会发现，读书读得多了，反而会深陷其中，久久不能自拔，虽然掌握了许多知识，似乎有时候却有种"无计可施"的感觉。在知识没有出口的情况下，这种矛盾就越来越重。这个出口是什么呢？就是通往另一个空间的门。换句话说，如果一个人的知识被局限在一个空间内，他就难以将知识转化为技能。因此，我们需要用"行万里路"

的方式去打破这种局限，借助见识给知识提供一扇门。

众所周知，一个商业组织既需要硬件，也需要软件。硬件常常指那些有形的、看得见的资本，比如固定资产、资金链、生产链、员工等，硬件相当于一个商业组织的肉体；软件常常指那些无形的、看不见的资本，比如技术能力、品牌力、传播力、创新力等，软件相当于一个商业组织的灵魂。灵与肉是不可分离的，是统一的结合体。但是我们知道，肉体是一个"容器"，这个"容器"是有边界的；灵魂却没有边界，灵魂与肉体是相互作用的。如果一个人的"容器"是有限的，精神力量、眼界等也是有限的，一个人的思维活动就会被固定在"容器"范围之内，就无法实现自我突破，我们也可以用遇到瓶颈来形容此种情况。

国内有一家精细化工公司，公司老板是技术工程师出身。老板是一个"技术控"，始终坚持技术引领发展的思路。凭借这种思路，这家公司生产的化工产品竞争力很强，甚至具备定义市场的能力。随着时代的发展，同行业的许多公司也开始迎头赶上，无论是生产技术还是工艺水平都有了较大进步。因此，这家公司的产品竞争力开始下降，效益开始下滑。

公司老板非常着急，一方面公司生产研发技术水平难以提高，另一方面公司的发展似乎进入了"迷宫"。他认为：对于90%的公司而言，遭遇瓶颈是一家公司一定会遇到的情况。说到底，公司遭遇阻碍是眼界的问题。那么如何破解瓶颈难题，如何提升自己的眼界呢？这位老板选择了两条途径。

这位老板认为学习很重要，学习方式有两种：自学和培训。自学就是利用闲暇时间为自己充电。在他看来，见识的基础是知识，如果知识基础薄弱，就没有突破局限的能力。作为一名"技术宅"，提高自己的技术知识厚度是非常必要的。培训就是参加各种管理培训班，通过培训的方式快速提升自己的眼界。

就像前文所讲，"读万卷书，不如行万里路"。游历，就是"行万里路"。这位老板以交流学者的身份，去了许多国家，参观了许多著名公司，并与许多著名的管理专家有过亲密的交流。古人言："三人行，必有我师焉。"游历不仅能够让他学习到先进的管理知识，而且能够大大开阔他的眼界。两年的游历生涯让这位老板感慨："坐井观天，天永远是那么大，如果从井里爬出来，天才无限大。"

通过学习和游历，这位老板对公司的定位与发展有了全新的认识。在游历过程中，他考察了几个有潜力的市场项目，打算通过新项目的建设实现公司的战略转型。于是他提出了三个五年计划：第一个五年计划是转型，第二个五年计划是上市，第三个五年计划是成为世界一流公司。知识的积累，见识的增长，让这家公司走上了转型之路。后来这家公司在转型后的第七年实现了上市。如今，这家公司已经成为国内一流的精细化工公司。

说起边界，我们还能想到一个词：跨界。跨界是一种创新，一种打破常规、寻求突破的方式。有一位管理学者说："跨界的，从来不是专业的，大部分来自另一个领域。创新者以前所未有的迅猛，从一个领域进入另一个领域。"对于现在的商业组织而言，选择跨界，就等于选择一种挑战。跨界是有风险的，但是高风险也就意味着高产出。当一个组织遭遇瓶颈而无法进一步突破自己的时候，打破现有思路，选择跨界也是一个非常好的解决问题的途径。以见识为引导，以知识为推动力的跨界，其成功率要远高于没有经验、没有技术的业余跨界。

知识与见识同等重要，但是到了某一个地步，见识甚至比知识还重

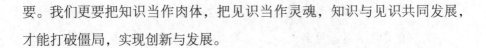

要。我们更要把知识当作肉体，把见识当作灵魂，知识与见识共同发展，才能打破僵局，实现创新与发展。

4. 换个角度看商业世界

[战略点睛]　角度不同，思维就不同，换个角度思考，往往能改变事情的结果。

有些人会因一叶障目徒生苦恼，不知所措；还有一些人，会继续钻牛角尖，把自己搞得非常狼狈和疲劳。而旁观者则能清醒地认识到，一叶障目只不过是被一片树叶挡住了视线，如果适当挪动一下位置，或者换个角度，树叶也仅仅只是世界的一个部分而已。

有三位探险者徒步探险，他们是一个男人和两个女人。他们来到一片荒无人烟的沙漠，这里条件非常恶劣，如果没有做好思想准备，贸然进入，生命将会受到威胁。当然，对于三位有经验、有勇气的探险者而言，沙漠的危险挡不住他们的足迹。他们进入沙漠之后，昼夜交替带来的温差考验着他们。起初，他们在指南针和沙漠地图的帮助下，徒步探险非常顺利。如果按照既定计划，再过20个小时就可以横穿沙漠，完成这次极限挑战。

不幸的是，他们遭遇了一场沙尘暴，而这场沙尘暴还带来了磁场的变化，他们手里的指南针失灵了，沙漠地图也毫无用处。另一件不可忽略的事实是，他们还处于沙漠中心地带，死亡开始向他们招手了。此时，一位女探险者发起了牢骚："真该死，如果三天前我听当地向导的话，就不会贸然进入这个该死的地方。周围这些沙子不停地流动，它们就像毒蛇一样，随时要人的性命。"

　　另一位女探险者拿起望远镜看着远方，似乎在沙漠与绿洲的交界处，有蓝色的河流流淌着。她安慰发牢骚的女探险者："或许我们可以挑战成功。你看，远方的风景多么漂亮！这才是死亡之美！就算死在这里，人生的结局也会很圆满。"她把望远镜递给对方，发牢骚的女探险者拿起望远镜向远方看去，然后发出赞叹："确实美丽极了，但是一想到'死'这个字，我就略感悲伤。"她放下望远镜，依旧唉声叹气。

　　男探险者则泰然自若，他高兴地说："我们徒步探险的目的是什么？不就是挑战自己吗？我觉得以前的探险与挑战完全不搭边，现在才是挑战的开始。白天天气热，消耗会很快，我们晚上急行军，能走多远走多远。晚上，我们可以看到星星，星星可以给我们指出一条明路。"两位女探险者非常认同男探险者的建议。

　　到了晚上，沙漠非常凉爽舒服。白天发牢骚的女探险者说："夜晚的沙漠确实漂亮多了，与白天完全不同。"另一位女探险者打趣道："如果你喜欢这里，可以多逗留片刻，反正这个夜晚才刚刚开始。"白天发牢骚的女探险者说："还是往前赶路要紧，如果顺利的话，明天一早就能看到沙漠的边缘。"领头的男探险者则不停地为她们打气："放心吧，月亮不会骗人，星星也不会，我相信它们，我相信它们能够带领我们走出去。"

　　此时，三个人的心境都有了变化。发牢骚的女探险者不再发牢骚，而是看到了成功走出沙漠的希望；另一位女探险者继续欣赏沙漠的美景，她认为唯有生命之美景不能错过；男探险者一直非常乐观，此时他更加喜欢绚丽的星辰和无穷的宇宙，似乎在这样的环境下，人们可以顿悟。他们在星辰的指引下，一路南下。清晨出现一抹朝霞时，他们已经到了沙漠的边缘，绿洲向他们招手。

现实中，人人都会遇到这样的困境，笔者的一位朋友，因为一次错误的投资而跌入人生低谷，许多人都认为他"完蛋"了，彻底被打败了。但是没想到他重整旗鼓，用一种"置之死地而后生"的人生态度去看待问题、思考问题，因另一次成功的投资而走出了泥潭。古人云："横看成岭侧成峰，远近高低各不同。不识庐山真面目，只缘身在此山中。"不识庐山，并不是山的错，而是认知有限，如果我们换个角度，山便会尽收眼底。

还有一些商业经营者，非常害怕风险，认为风险一到，"丧钟"即响。因为风险，他们选择一种保守的、小心翼翼的经营方式。即使这样做，也不可能阻止风险的到来。既然这样，倒不妨换个角度看待风险。事实上，风险反倒留给人们更多的商机。有一位企业家说："换个角度，世界就变了；世界变了，思维就变了；思维变了，结局就会不同。"因此，我们不必为一叶障目而苦恼，只要换个角度，一切就会变得不同。

5. 停止也是一种智慧

[战略点睛]　有时候停止也是一种智慧，更是一种勇气。

人到底从哪里来？又要到哪里去？人们开启对智慧的思考和追求，就开启了哲学的研究。众所周知，人通过不断思考和追求，认清了真相，找到了真理，拥有了智慧。似乎智慧也是通过不停追求而获得的。因此，不断思考并发现真理就是一种智慧。但是追求过程中也会产生损耗，如果这种损耗长期存在，就会让人迷茫。有人说："适可而止也是一种智慧。停下来不是为了休息，而是为了调整人生的方向。"

　　有一位美国登山者，他有一个远大的梦想。他说："我想要攀登上世界最难以征服的山峰，并且由自己独立完成。"于是他制订了一个计划，准备攀登南美安第斯山脉的一座处女峰。不久之后，他带着各种装备来到智利，然后开始勘察处女峰的攀登线路。经过几天的勘察，他找到并拟订了一条登山线路，准备在三日后的早晨开始攀登。

　　三日后，他携带着装备开始攀登。一开始，攀登十分顺利，他很快就爬到了处女峰的三分之二处，如果再努力一下，就能够征服这座处女峰。需要深思的是，假如这座山这么容易被征服，恐怕就不叫处女峰了。他开始停下来，一边观察攀登线路，一边思考这个问题：为何许多顶级登山者都会命丧于此？他认真观察地形后发现，这座处女峰的"冰壳"似乎十分松散，登山者如果遇到大风或者强对流天气，就会遭遇雪崩。所以，攀登时要格外小心，否则会命丧黄泉。

　　经过重新规划后，他开始继续攀登。他先是绕过一个乱石垭口，因为滚落的飞石是致命的，然后他来到一个只有0.6平方米的垂直崖壁下的平台，停了下来。这时他已经感受到了处女峰的危险。在海拔几千米的地方，面对着90度的垂直崖壁和大风，恐怕还没来得及发起攀登便已经被吹落山崖。此时他必须停下来，思考是前进还是放弃。他抬头看了看山顶，大概也只有几百米。但是这几百米，就是被誉为"死亡禁区"的崖壁。他调整好状态后，决定继续向山顶发起挑战。他按照规划的线路，开始有条不紊地攀登，每前进一米，就要停一停。但是一个小时过去了，他仍旧挂在崖壁上，剩下的体能根本不足以支撑他到达山顶。思考再三，他决定暂时放弃。

　　一周之后，他回到美国的家中。但是征服这座处女峰的想法一直存在。他决定半年之后再去造访它，并想尽一切办法征服它。他开始进一步加强耐力的训练，以满足征服处女峰所需的体能。半年之后，他再次出现在处女峰的山脚下。只不过这一次他的运气依旧不好，他遇到了一场暴雪，只能选择放弃。此后他又来过这里五次，并于第七次成功登顶。在许多人都在称赞他锲而不舍的精神时，他却说："成功是幸运的，但是这个幸运是无数次的停止换来的。不要盲目前进，选择不断前进的人并不一定是聪明人。尤其在大自然面前，人们要学会停止。"

停止也是一种智慧，走走停停的目的是更好地利用智慧。现实中，许多人喜欢一鼓作气、一气呵成，认为停止会打乱节奏，即使在体能不好、精神状态不好的情况下，也要坚持前行，也致使这种前行最后变成了绝对意义上的终止。换言之，停止是为了前行。企业也是一样，如果项目本身没有竞争力，或者没有生命力了，及时止损未尝不是一个好的选择；而不懂得停止，往往会拖累了自己和团队，最后产生巨大的亏损。企业家一定要懂得判断，更要敢于停止。停止不是失败，是停下来思考，进行转型或升级，再次出发。

还有一种停止是精神的暂停。众所周知，一个人在同一条路上坚持太久，精神上会有些疲劳。比如对某件事情失去了兴趣，最后选择放弃。有人说："半途而废者，大多数是一些不会停止的人。"仔细想一下，这句话充满了人生智慧。精神上的停止，是为了给灵魂提供一个驿站。只有在精神状态饱满的情况下，一个人才能坚持到底。

俗话说："欲速则不达。"要适当停止，适当休息，一切都是适当的，而不是永远停止。停止，只是为了更好前进；停止，只是在前进之中保持清醒与理智。

6. 用对时间做对事

[战略点睛]　把事情做对还是做对的事情？都不如正确的时间做正确的事。

1952 年，年仅 22 岁的巴菲特先生还不是后来的"股神"，但是他已经很明显地感觉到，自己未来将会变得十分富有。后来他总结道："不是因为我有什么了不起的长处，甚至也不是因为我有多么勤奋，而只是因为我在一个正确的时间和正确的地点做了正确的事情而已。"我们可以把正确的时间看成天时，把正确的地点看成地利，把正确的做事环境看成人和。用对时间做对事，其实就是中国古人所说的天时、地利、人和。

正确的时间就是天时，即最好的时机和时间环境。我们常常说："机不可失，时不再来。"时机，即时间机遇。如果我们错过了一个好时机，就只能等待下一个时机到来。下一个好时机还要等多久呢？恐怕没有人知道。或许很快会到来，或许一辈子都没有到来。在不好的时间做事，很难有大的改变或者突破。古人言："万事俱备，只欠东风。"东风就是时机，也就是我们说的正确的时间。时机是一个时间概念，它有时效性。或许这个时间很长，或许这个时间很短。对于一件事而言，时机可能只是"一瞬"；对于社会大事件而言，时机可能具有时代的属性。比如，互联网时代具有天时的普遍性，能够以互联网时代发展为契机，就能较为快速地成长。如果我们不以它为契机，或许就会错过高速发展的机会。

正确的地点就是地利，就是在最适宜自己的空间内做事。比如做生意，一个人会选择人口流量较大、经济环境好、消费指数高、消费观开放的区域。在这样的区域内，做生意才能获得客户群，才能够开发出更宽敞的营销渠道。另外，正确的地点有"汇集"的特点。因为在这样的区域内，商业更加发达，贸易更加自由，商机也会更多。有些人偏不信邪，他们选择不属于自己的地方，希望寻找一种所谓幽闭的经营环境。但是到头来他们才发现，受制于地域环境的约束是无法顺利开展经营活动的。

正确的做事环境就是人和，就是在一个和谐的人事环境中做事。古人言："天时不如地利，地利不如人和。"和谐的人事环境是正确做事的基础。假如人事环境不好，还需要拿出大量的精力去改造人事环境。有一位商人，他的生意触角伸到了中东地区。在没有战争的年代里，当地人们生活富足，民心和乐，人们用心工作，用辛勤的汗水换取富庶的生活。与此同时，这位商人的生意越做越大，公司也有了一定的规模。后来，中东地区战火不断，民不聊生，完全失去了好的商业环境，因此这位商人的生意一落千丈，后来他将自己的公司迁离了该地区。

在正确的时间做正确的事，体现了三个成功元素。第一个元素，抓时机。有位管理学者表示：机会对于不能利用它的人又有什么用呢？正如风只对于能利用它的人而言才是动力。换句话说，机会只有抓住了才有意义。那些善于捕捉机会的人总能够成为珍惜时间、利用时间的成功者。第二个元素，选地点。工作选地点，住宿选地点，经营选地点。一个正确的地点是"任性"的，它的地理优势可以为人们的自然活动提供便利，包括工作的便利、生活的便利、经营的便利。便利性，是成功经营的前提。如果一切都不通畅，怎么能顺利开展工作呢？第三个元素，聚人气。俗话说，人心齐，泰山移。一个良好的做事环境，为成功经营提供必要的保障。有人说："经营失败，多半是因为队伍散了。"如果一个人所做的事是团队中大多数人的目标，这件事多半能成功。而这件事，就是正确的事。所以我们得出一个新结论，即天时、地利、人和同等重要，三者作用于同一件事情，这件事情十有八九会取得巨大的成功。

把事情做对还是做对的事情？都不如正确的时间做正确的事。天时、地利、人和一应俱全，也会让人们的经营活动变得更加成功，更加有意义。

7. 摆正心态做对事

[战略点睛] 心正事就正，事正气就正。

俗话说："没有规矩，不成方圆。"规矩，就是一种做事的框架，在这个框架里做事，才是合乎规矩的；超出这个框架，就是一种不合乎规矩的行为。但是有人问："合乎规矩有何用？难道规矩是法律吗？规矩是一种价值规律？"当然不是！世界上打破规矩，重新定义规矩的正面例子不胜枚举，但是他们的行为和做法仍旧处于一个更大的规矩内。也就是说，人类的所有的合法成功案例，都在规矩内成形。规矩是起决定作用的，它规范一个人的行为和思想，让一个人的心长时间处于正确的位置上。只有心正，事才能正；只有事正，气才能正。当然世界上也不乏心术不正的故事和案例，以其失败的结局告诉世人："做人莫要心术不正。"

以前有一位商人，他是一位做生意的能人。他靠贩卖粮食起家，后来贩卖茶叶和丝绸，也经营过酒水生意，如今成了一名盐商，家财万贯。他非常在乎自己的名声，做生意也很讲信用。后来，这位商人为了继续拓展生意，就从老家找来自己的堂弟，让他负责自己的酒厂。

商人虽然委托其堂弟全权负责，但是也对他约法三章，即不能售假、不能掺假、不能触及商业规则。不能售假，就是不能以次充好、以假乱真；不能掺假，就是保持酿酒的纯正，不能掺水、不能二次勾兑；不能触及商业规则，就是不能违反法律。

起初，商人的堂弟坚持原则，酒厂的生意非常好，商人非常满意。后来，商人的生意做大了，便南下去广州发展。没有商人的监督，商人的堂弟便开始为自己谋求"私房钱"。

首先，他从外地拉来便宜、低档的酒冒充自己酒厂的高档酒去卖。其次，他开始二次勾兑、稀释原浆酒，每一斤酒掺水二两。通过这两种方式，这个人每个月可以谋私利赚数百两银子。但是造假终究是纸包不住火的，许多客户发现酒的品质下降，或者酒出了问题，便不再购买他的酒。到了后来，酒厂的院子里囤满了酒，即便是之前酿造的好酒，也卖不出去了。

得知此事后，商人急忙赶了回来，然后走访客户了解其中的原因。有一位客户说："老板呐，我们这么多年的交情，就让你这假酒轻易断送了。"另一位客户也说："您这酒一定是掺了东西。"这位老板先是向客户们赔礼道歉，甚至将酒钱退回。后来，他向自己的堂弟"开刀"，他的堂弟只能说出实情："我赌博欠下赌债，一时鬼迷心窍，从里面捞了不少油水还了赌债。"商人并未深究此事，只是把堂弟送回了老家，不让他继续参与酒厂的管理与经营。

商人依靠自己的"危机公关"能力和早年创下的口碑，最后取得了广大客户的原谅。酒厂经过停业整顿后继续开业，生意才渐渐好起来。

心术不正，是一味经商的毒药。许多人都毁在了心术不正上。因此有人说："心不正则事不正，事不正则气不正。"如果企业领导心术不正，恐怕这家企业内会"上梁不正下梁歪"，一个人的坏风气"败坏"了一家企业的风气。这样的悲剧故事，不胜枚举。企业领导吃拿卡要，生活奢靡，其部下也是如此，那么这家企业就被一群"蛀虫"啃光了，企业会破产倒闭。某企业内拉帮结派现象严重，一个派别总是排挤另一个派别，并产生大量内耗，这也导致许多部门、岗位存在严重的推诿扯皮现象，决策得不到执行，组织改革更是无从谈起。后来，这家企业也因经营不善而被另一家企业收购。

所谓心正，有三个表现。第一个表现，讲良心。做任何事情之前都要扪心自问："我这样做到底行不行？"如果我们的心与道德不符、与伦理不符、与社会核心价值观不符，就背离了良心。背离了良心，就会游离于规矩之外。第二个表现，讲真心。追求本真，一直是人类孜孜以求的梦想，也是一个人求真、求实、治国平天下的核心。如果一个人弄虚作假，背离了本真，也会走上歧途。俗话说："失之毫厘，谬以千里。"只有讲真心，才能走上成功之路。第三个表现，讲公心。公心，即公平之心，做事公平公正，不偏不倚。如果一个人做管理失去了公心，就会引起组织内的矛盾。我们都知道，组织内的矛盾对组织管理的破坏力甚大。只有公平公正，才能为组织营造出良好的管理、执行氛围。

商业组织的管理者要拥有"三心"，即良心、真心、公心。另外，商业组织的管理者还要讲一点爱心和诚心，有了爱心和诚心，或许就能够把事情做得更好、更完美。

8. 坚定的成功人生哲学

[战略点睛] 企业家不可动摇的哲学注注就是企业的宗旨。

一个人一生能够坚持自己的哲学，是一件非常不容易的事情。一方面，干扰声音很多，容易混淆视听，让人的思想和意志被引向了其他地方；另一方面，诱惑太多，诱惑之下就有可能使人产生偏离人生哲学的需求，为了满足这种需求而背离自己的初衷。如今，人们常常提到初心。初心是什么呢？就是一个人的初衷。通常而言，一位老板成立企业之时都有一个初心，这个初心通常以企业组织的宗旨形式呈现，我们也把它称为企业宗旨。

讲到"企业宗旨"四个字，有人可能会问："什么是企业宗旨？具体指什么？"企业宗旨是一个非常大的概念，它几乎涵盖了一家企业的企业文化、企业精神、企业经营理念、企业哲学等诸多元素。企业宗旨如同一部小说的写作宗旨，不管你的小说写多久，篇幅有多长，内容有多丰富，宗旨都不能变。如果宗旨变了，主题也就变了，发展方向也会偏离航线，恐怕就会与既定的目标渐行渐远。

有一家股份制企业，这家企业在 20 世纪 90 年代经历过一次破产重组，企业的老员工对这家企业有很深的感情。有一位员工说："我在这家企业工作了三十年，算是看着它长大的，希望它不要再因管理问题而重蹈覆辙。"

这家企业换了一位年轻董事长，董事长是做管理出身的，上任之后便推行自己的"三项管理"政策。所谓"三项管理"是生产经营管理、组织纪律管理和能效管理。"三项管理"政策执行了一年，执行效果非常好。企业的面貌焕然一新，效益也登上了一个新台阶，逐渐形成了一种企业发展新宗旨。当一切朝着好的方向前进时，年轻董事长因为一场突发疾病而离世。许多员工在感到惋惜的同时，担心企业再次重蹈覆辙。有一名企业干部说："企业有了今天的成绩不容易，希望新上任的董事长能坚持现在的企业发展宗旨。"

新上任的董事长是原企业的老员工，有着二十年的部门管理经验。这位董事长刚一上任，就对企业进行了一番大刀阔斧的改革。他先是对企业人员结构进行优化，砍掉了一些虚设岗位，并将许多部门进行了合并，形成一种有"部门体系"的管理局面。然后，这位董事长还引入了"绩效＋淘汰"机制，凡是绩效不达标者便"淘汰出局"。这些改革让许多人感到不适应，有些员工直接选择了辞职。

改革引发了诸多的评论和猜想，但是大多数员工支持董事长的改革。有人说："其实董事长的做法没有错，企业要想发展，就必须要提高能效，脱胎换骨。虽然看上去有些激进，但是'长痛不如短痛'，越早改革越好。"新董事长在全体员工会议上也多次强调："我们的初心并没有变，发展宗旨还是原来的宗旨，只不过我们不能满足现状，要敢为人先，要有开创新局面的勇气。"凭借新董事长的经营魄力，这家企业得到了长足发展。

有位企业家说："企业有自己的命脉，这个命脉是由企业全体人员的命脉所构成的。企业家，相当于这个命脉的心脏，坚持企业发展命脉不动摇，就等同于坚持企业宗旨不动摇。"不变的企业宗旨，等同于恒定不变的企业哲学。海尔集团始终坚持根据企业宗旨去经营、发展，逐渐形成了自己的企业文化。比如海尔集团的形象标语是：真诚到永远。海尔集团的服务标语是：企业生存的土壤是用户。海尔集团的人才观是：人人是人才，赛马不相马。海尔集团的品牌营销观是：品牌是帆，用户为师。这些"企业哲学观"离不开企业的宗旨。只要企业的宗旨不变，企业的发展方向就不会发生变化。

企业家坚持以企业宗旨为核心的管理哲学，才能帮助企业实现既定的目标。由此可见，企业家不可动摇的哲学往往就是企业的宗旨。

9. 相比方法，行动更重要

[战略点睛] 相比方法，行动更重要。

世界上大概有两个派别，一个是行动派，另一个是思想派。行动派是坚持"实践出真知"的，行动派的最大特点就是行动。思想派则是坚持"思想至上"的，认为与行动相比，思想方法更重要。行动派常常与思想派争得不可开交，似乎是公说公有理，婆说婆有理。但是对于商业经营者而言，思想方法很重要，行动也非常重要。如今，人们更看重"思想＋行动"的模式，不再计较孰轻孰重。经营学本身是一门执行的学问，也就是靠行动展示方法。行动是方法的载体，没有行动，方法永远得不到证实。

有两个人，一个叫阿明，一个叫阿亮。阿明与阿亮完全是两种性格：阿明善于思考，是一位经常有新点子的人；阿亮是一位天性活泼的行动派，凡事喜欢尝试一下。有一年，阿明与阿亮所在的村子遭受大旱，村民喝水成了问题。村子里只有一口井，但是这口井也即将干涸。为了生存，有些村民赶着马车去距离村子 10 公里外的地方拉水，但 10 公里外的水源也非常紧缺，几近干涸。

此时阿明陷入了思考，他开始考虑如何打井。他每天早晨出门观察地形，比对村子里的井与 10 公里外的水源的位置，想要寻找两者之间的联系。他认为：如果两个点拥有同样的水脉，两个点之间的最低处就是水最丰富的地方。如果在那里打井，肯定能够打出水。

阿亮在干什么呢？他在家里放了五口大缸，赶着马车没日没夜地往家里拉水，竟然灌满了整整五大缸。阿亮笑着对自己的妻子说："就算不下雨，这五大缸水也够我们用半年了。"在妻子的眼里，阿亮是个勤快人。

对于村民而言，解决饮水问题是重中之重。因此，村长召开大会，希望所有人出主意，把饮水问题解决了。大会上许多人出了主意，阿明的主意似乎听上去更靠谱一些。于是人们打算按照阿明的主意去挖井。第二天早晨，几个村民便出现在了村外 1.5 公里的一处凹地，然后开始挖井。挖了整整一天，始终不见水。此时阿明否定了自己，认为或许这里也没有水。既然没有挖出水，那些村民也不再相信他，而是赶着马车去 10 公里外的地方拉水。那些村民认为：与其在这里挖井，还不如先给缸里灌满水。这个想法，似乎与阿亮的做法颇为相似。

阿亮是个天生乐观派，因为家中的水缸已经装满了，他不用再为饮水的问题而发愁。他希望帮助村民挖一口井，于是找到了阿明，希望阿明出出主意。阿明对阿亮说："我总觉得那个地方应该有水，可能只是挖得不够深而已。"阿亮坚信阿明的判断，于是提出建议："阿明啊，要不然我再找几个人，我们一起去挖吧？"阿明虽然怀疑自己，但是并没有拒绝阿亮，于是第二天他们一起去挖井。

第二天他们挖了一整天，还是一点水也没有看到。阿明丢下铁锹，然后说："大家都回去吧，这里根本没有水！"看到阿明垂头丧气，阿亮劝他："别灰心，再坚持挖深一点，或许就有水了。"阿明放弃了，跟几名村民返回了村子。

阿亮并没有回去，而是继续观察这口没挖完的井。他坚持认为，井的深度还不够，还需要继续挖。于是他坚持自己的信念，拿铁锹继续挖。这样看似毫无意义的工作，他坚持了一周。此时的井已经非常深了，他已经嗅到了潮湿的空气，说明离水源已经很近了。当他一锹铲掉一块岩石后，清澈、甘甜的井水一下子喷涌了出来。阿亮非常兴奋，马上回到村子传报喜讯。村里人知道阿亮挖出了井水的消息后，纷纷向阿亮竖起大拇指，但是谦虚的阿亮却把这样的功劳让给了阿明："如果没有阿明的想法，恐怕我们还找不到水源。"

这是一个典型的思想派与行动派的故事，思想派找到了水源，行动派挖出了一口井。当然，没有思想派的思想，行动派还在苦苦寻找水源；但是没有行动派的行动，恐怕思想派的想法只能被人舍弃了。一家企业，老板制定决策，员工执行决策。企业管理，就是"决策—执行"的过程。如果只有决策，没有执行，决策得不到落地，就如同思想被束之高阁。

启蒙思想家伏尔泰认为：人生来是为行动的，就像火总向上腾，石头总是下落。对人来说，从不行动，也就等于他并不存在。由此可见，与方法相比，行动似乎更加重要一些。

10. 商业是想象力，结果是执行力

[战略点睛]　商业是想象力，结果是执行力。

人是有想象力的，人们依靠着自己的想象力设计着自己的生活，装饰了社会的文明。人不能没有想象力，没有了想象力，也就没有了创新和发展。有人说："人们凭借自己的想象制造出工具，然后用工具改造了自己的生活。"想象力，通常是一种能力。比如各种各样的发明，都是凭借人类的想象力而设计出来的。

在欧洲，有一家百货商店。这家百货商店与我们常见的百货商店有所不同。从外观上看，它更像是一座巨大的艺术馆。在此之前，曾

经有一位商人有过类似的想法，他想要把购物变成文化艺术的一部分，而不仅仅是生活的一部分。在购物过程中，人们能够感受一种艺术气息。

有人说："如果能够把百货商店变成一座艺术气息很浓郁的艺术馆，那绝对会引起巨大的轰动。"众所周知，欲望产生需求。百货商店提供的物品，可以满足人们的多种需求，比如果腹需求、穿衣需求、社交需求、尊重需求等。如果一家百货商店还能够提升人们的审美情操，那它就把购物体验变成了一种更高级的体验。这家百货商店的内部陈列，也是按照美术馆的风格设计的。陈设的各式商品与店内的艺术品等相得益彰，完美融合。在这家百货商店购物，人们会得到很新奇的体验。

当然，这家百货商店还将传统与现代结合，既能让人们感受到古典气息，又能让人们感受到现代气息。当我们固执地认为互联网时代，实体百货已"死"时，这家百货商店不但没有倒闭，反而人气越来越旺。也就是说，互联网并不能改变并决定一切，唯有丰富的想象力可以改变世界。

爱因斯坦认为：想象力比知识更重要，因为知识是有限的，而想象力概括着世界上的一切，推动着进步，并且是知识进化的源泉。事实上，商业也是人类想象力的产物。想象力是必需品，但是执行力也是必需品。换句话说，执行力要为想象力提供服务，人们才能把想象变成一件有实际意义的作品。飞翔是古人的一个梦想，因此人们借助自己的想象力描绘出各种各样的飞行场景，甚至还绘制出飞行器的样子。后来，人们凭借自己的动手能力一点一点把飞行器设计出来，然后实验、改进、再实验、再改进。经过反复的测试，飞机才被制造了出来。商业是想象力，结果是执行力。

现实中，有些人非要争论一下是想象力重要，还是执行力重要。想象力与执行力，少了谁也不行。但是当今社会，似乎并不缺乏各种想象，反倒缺乏把想象转化成结果的实践力和执行力。有一位企业家说："企业里有许多有才华的人，他们有着丰富的想象力，也能够设计出蓝图。当他们将要落实实践时，才发现，自己掌握的能力与自己的设想有相当大的差距，而执行面临的阻碍也非常之多。到头来，绝大多数的想象只能留在大脑里，无法转换成现实的产品。"他提到了两个阻碍因素，一是能力不够，二是阻力太大。

能力不够是一个非常现实的问题。能力不够，就无法将想象力转化成执行力。当下的许多商业组织越来越重视干部、员工的能力方面的提升。能力符合想象力的转化要求，实践才具有价值。有一个人想要设计一个蓝牙装置，但是因为缺乏相关的专业技能而不得不通过学习的方式进行弥补。具备了相关专业技能，这个人才能够把蓝牙装置设计出来。能力也是执行力的一个载体，没有能力，执行就会"缺力"。

阻力太大会导致执行不畅。我们知道，想要做好一件事，需要天时、地利、人和，三者缺一不可。所谓成功，就是在正确的时间、正确的地点做正确的事。对于商业组织的管理者而言，既要学会把握时机，又要为商业组织营造一个良好的执行环境。社会上有许多关于执行力的书籍，提高执行力需要打通一个渠道，或者建立某一种流程。更多时候，执行因受到阻碍而停止，而不能单纯地归咎为员工的懒惰、消极。如果商业组织的管理者能够扫清执行的障碍，就能够提升执行力，让想象力搭上执行力的快车。

想象力与执行力结合在一起，才能产生价值。这两种力，就像两个亲兄弟，互相作用、缺一不可。我们不要去比较哪一个力更重要，因为比较的后果会让我们捡起一个而丢掉另一个。其实，最好的商业经营的方式是：左手想象力，右手执行力。

11. 拥抱变革的开放心态

[战略点睛]　时代变了，必须跟着变。

世界并不是永恒不变的世界，而是一个不断变化的世界。有人说："当我将石块丢进湖里，湖面便会泛起涟漪，世界在石块落向湖面的那一刻改变。"世界在变，万事万物都在跟着变。如果我们坚持"以不变应万变"，似乎并不能从世界中收获什么。"以不变应万变"只是对"以变应变"而言有意义，并不能成为一种适应时代、拥抱时代的方法。

马云认为：世界的变化还会越来越多，未来的 20 年、30 年，很多的变化会超越大家的期望和想象，现在是一个伟大的变革时代，其实人们永远希望生活在一个了不起的时代，而一个了不起的时代往往也是一个变革的时代。优秀企业和卓越企业存在差异，优秀企业是在顺境里面发现机会，而卓越企业一定是经过了变革的时代，或者经历了灾难。那些经历变革、拥抱变革的人或企业，才能够于变化中寻觅到规律和真理，从而适应变化，顺应时代的发展潮流，并最终成为这个时代的弄潮儿。

有人形容煤炭能源企业是靠天吃饭，煤炭资源一旦枯竭，这样的企业也将不复存在。事实上，许多能源企业都是这样走上一条"绝路"的，而走这样一条路似乎又是理所应当、符合客观规律的。

但是还有一些企业家则认为：当今时代，是一个讲可持续发展的时代，在这样的时代背景下，人们要从坐吃山空的思维中跳出来，人们不能成为资源的俘虏，要成为资源的开发者和利用者。资源没了，人们还可以创造新的资源。北方有一家能源企业，主要生产经营煤炭及其深加工产品。这家能源企业为了避免能源枯竭带来的危机，对未来发展提前进行了布局，并确定了未来十五年的规划。这家企业的董事长说："如今，以环保为主题的清洁能源是未来的终极发展方向，这就是一种变化的趋势。传统能源企业只有走新能源企业的路子，才能长久生存下去。变革是一种力量，拥抱变革是一种精神，更是一种壮士断腕的决心。"

这家能源企业打算利用规划实现从传统能源到清洁能源的彻底转型。当然，转型非常痛苦，还要冒着失败的风险。世界上不乏变革的勇士，有的取得了巨大的成功，有的则彻底失败。但是在不断变化、不断前进的世界里，唯有变革才能适应时代的发展。不变革、故步自封，只能等待终极的"死亡宣判"。

这家能源企业提早布局，在环保、转型方面投入巨额成本。这样的投入并不能立竿见影，但是从长远角度来看，这样的做法是一种正确的做法。几年后，当许多能源企业面临淘汰出局的危险时，这家企业反而进入了"丰收期"。它"下山摘桃"，品尝到了拥抱变革的甜头。如今，这家能源企业成功实现转型，企业员工不再为能源枯竭而发愁。

以变应变、拥抱变革，是一种聪明的行为，也是一种适应时代的方式。达尔文《进化论》中的"适者生存，不适者淘汰"理论同样体现了以变应变、拥抱变革这一真理。众所周知，互联网时代比任何时代的变化都要快。在快速变化的节奏中，我们更要跟上这样的变化节奏。有一家电子产品企业，为了坚守自己的经营理念，并没有走经营升级和产品创新之路。后来，企业老板意识到错误的理念可能导致失败的结局时，这家企业才开始仓促转型。俗话说："一步跟不上，步步跟不上。"后来这家企业完全失去了高端产品市场，不得不在不熟悉的低端产品市场内求生存。现实中，这样的商业失败案例有很多。

早在几年前，腾讯公司创始人马化腾就给全体腾讯员工发了一封公开信，信中这样写道："在互联网行业，谁能把握行业趋势，最好地满足用户内在的需求，谁就可以得到用户的垂青，这个是我们行业的生存法则……在这个新的时代里面，用户新需求、新技术、新业务模式层出不穷，市场瞬息万变……但由于架构的限制，已经不能完全满足用户层出不穷的新需求了。所以在这个时候，我们必须要聚焦用户、顺势而变，从用户需求的角度，从产业发展的角度重新调整我们的组织架构。"这不仅仅是马化腾对腾讯公司全体员工的公开信，也是他对社会的公开信。与时俱进、拥抱变革、以变应变、顺应时代的发展潮流，似乎是一个"永不熄灭"的真理。

时代变了，我们必须要跟着变。只有变，才能实现转型。转型，是一个涵盖改革、创新、颠覆等概念的过程。从过去转型到现在，我们才能长久生存下去。

12. 好心态决定金钱高度

[战略点睛] 很多人认为只要有钱了，什么问题都解决了，但是有钱之后问题并没有解决，因为核心就不是钱的问题。

有人认为：如果一个人能够有正确的价值观，就有可能成为金钱的拥有者。现实之中，许多人认为金钱是万能的，金钱代表一切，金钱就是上帝。于是有人说："只要我有钱了，什么问题都解决了。"事实上，这话可能说得太绝对了。许多人有了钱，依旧有许多无法解决的难题。因此就有了另一个观点：钱能解决的问题都不是问题，有些问题是钱解决不了的。

　　有一位老板，非常富有，对于自己的儿子，他说："谁说男孩不能富养？有钱的孩子更独立。"对于自己的属下，他说："员工工作就是为了钱，把钱给到位，执行力就到位了。"这些话看上去似乎没有什么问题，但是深究一下，问题非常多。

　　他的儿子有很多零花钱，一副"富二代"的派头。由于缺少亲情教育，他的儿子养成了"金钱至上"的价值观，认识了许多社会闲散人员，身上带着一种很重的社会戾气，后来因为参与斗殴而被劳教。

　　富有并没有帮助这位老板解决所有问题，反倒惹出了许多无法调和的问题，甚至连他的属下也成了没有责任心的势利小人。换句话说，当他大方花钱的时候，金钱已经将他出卖。

钱可能是个问题，也可能不是个问题。许多商业组织可能不缺钱，反倒缺少以下三种核心元素。这三种核心元素，或许是金钱买不来的。

（1）核心技术。

对于一个商业组织而言，专业技术程度决定商业组织的战略高度。苹果公司最值钱的东西不是金钱，而是技术。拥有这样的技术，也就拥有了苹果公司。普通技术可以花钱购买，但是核心技术难以花钱买到。商业组织想要提升核心技术，就需要组建人才队伍，搭建技术研发平台，扎实做好与之相关的基础性工作。而这些工作，金钱只能起到辅助作用，并不能起到决定作用。

（2）优秀团队。

一个优秀的商业组织后面，通常有一个有凝聚力的成功团队。打造这样一个团队，需要管理者做好三项工作：第一，制定一个团队制度。制度就是规矩，有规矩就有底线，有制度就有约束力。第二，制定工作标准。工作标准为开展团队工作提供科学依据。有了标准，团队及团队成员才能了解工作的完成质量，从而调整工作方式。第三，制定奖励机制。奖励分为物质奖励与精神奖励。物质奖励，一部分以奖金的形式去体现，另一部分以福利的形式去体现。精神奖励更多体现在职位晋升、工作荣誉等方面。若要打造一个优秀的团队，金钱也只能起到一定的物质奖励作用。

（3）管理模式。

金钱买不来成功的管理模式，管理模式是通过管理摸索和日常的经验积累而逐渐形成的一种常态化的管理方法。老板要明确自己的角色，爱护自己的员工，果断做决策，有洞察力和前瞻力，左手控权、右手放权，不管做什么事情都要负责到底，处理问题能够公平公正、不偏不倚。员工要明确自己的岗位要求和责任，严格贯彻上级的指示，无条件地执行命令。有敬业心，有能动性，有团队协作能力。当然，管理是一门内容非常广泛的学问，恐怕再写一万字也无法全面进行展示。但是，金钱解决不了管理的问题，金钱只能让管理系统运行得更加顺畅。

曾国藩说："凡世家子弟衣食起居无一不与寒士相同，则庶可以成大器，若沾染富贵气习，则难望有成。"有时候，错误的金钱观可以腐蚀人们的心灵，让人沾染上铜臭。正确的金钱观能够让人认识到金钱的本质，并且从这种本质中寻求到有价值的东西。金钱，只是一种工具，但是这种工具的使用范围是有限的。它不是万能钥匙，更不是"神仙水"。只有科学看待金钱，我们才能不被金钱所迷惑，才能拨开云雾见青天，从而解决非金钱导致的核心问题。

13. 赚钱的"三大境界"与"三大心态"

[战略点睛] 用能力赚钱辛苦，用资源赚钱容易，用资本赚钱洒脱。

俗话说："人生苦短，赚钱不易。"人人都说赚钱难，有些人凭借自己的体力赚钱，有些人凭借自己的知识赚钱，有些人凭借自己的技术赚钱。不管怎样，体力、知识、技术，都是一种能力，我们可以概括为靠能力赚钱。但是人们发现，单靠纯粹意义上的能力赚钱是非常辛苦的，甚至有一种说不出、道不明的悲哀。

有一个人做豆腐，做豆腐可是一件苦差事。先是磨豆子，然后做成豆浆，再点豆浆、压豆腐等。简单一块豆腐，要经过十几道工序才能加工出来。但豆腐并不是一种昂贵的食物，价格极其便宜。比豆腐便宜的食物，恐怕也已经不多。这个人每天消耗巨大的体力，只能赚 120 元。120 元能买些什么呢？买几斤肉、几斤菜，或者去小餐馆消费一顿。总之，靠做豆腐、卖豆腐赚钱，发不了财。而成立大规模加工豆腐的企业，通常也不是个体工商户能够轻易做到的。

做豆腐的人发不了财，撑船的人也是如此。人生有三苦，撑船打铁卖豆腐。撑船似乎比卖豆腐更加辛苦。撑船的人，载人渡江只收 5 元。一天往返 5 次，便已经到达极限。撑船人不是超人，虽然撑船也是一门技术，但是这门技术并不能带来太多财富，顶多能让人糊口罢了。

当然，也有一些可以让人勉强达到中产阶级水平的技术工种，比如医生、老师、程序员等，这些工作或许能带来可观的收入，但是永远脱离不了"纯技术"的限制。凭借能力赚钱，虽然是好事一桩，但是非常辛苦。如果赚钱有三大境界，用能力赚钱的境界就是第三境界。在这种境界下赚钱，人们还要学会调整心态，因为心态决定能力。

有一种人做生意，完全依靠资源。笔者有个朋友，他有很多朋友，甚至各行各业的朋友都有。此人善于外交，具有良好的交际本领。凭借这种本领，这个人将自己的人际资源进行了整合。得到整合的资源具备强大的功能，这种功能比任何一种单纯意义上的能力更加强大。因此，这个人做事时往往没有投入成本，却可以获得不菲的收益。

互联网时代，人们把社交生活迁移到了网络上，比较有代表性的如互联网社区、QQ（腾讯开发的一款软件）、微信等。在这些平台上，人们用不同的方式经营着自己的"朋友圈"，而"朋友圈"就是一种资源。人们利用"朋友圈"拓展自己的人脉，利用自己的人脉发展自己的生意。现实中，凭借经营"朋友圈"做"资源生意"的人不计其数，虽然也有失败者，但是成功者有很多。用资源赚钱的人，通常比那些用能力赚钱的人要更容易取得回报。如果赚钱有三大境界，用资源赚钱的境界就是第二境界。在这种境界下赚钱，需要人们有一种开放的心态、共享的心态。

除此之外，还有一种人凭借资本的力量去赚钱。"资本"二字有很多理解方式，它可以是一种有形的资本，即金钱；它还可以是一种无形的资本。凡是能够带来利益的都是资本。

投资是一种资本驱动资本的方式，比如现在许多人通过投资成为投资人或合伙人，以股东的身份参与分红，比较有名的案例如日本软银总裁孙正义入股马云创办的阿里巴巴。靠大脑资本投资，是一种思维驱动资本的方式。如今，世界上有各式各样的思维，这些思维五花八门，只要能够驱动资本，产生财富，这样的思维就具备资本属性。一个动用大脑资本的人，可以实现资本与资本的整合，为两种甚至两种以上的资本牵线搭桥，产生"聚沙成塔"效应。有一些人则动用"杠杆"以小博大，用自己的思维撬动资本市场，并成为资本市场上的"大鱼"。用资本赚钱的人，不仅赚得多，而且赚得十分洒脱。如果赚钱有三大境界，用资本赚钱的境界就是第一境界。在这种境界下赚钱，需要一个人有强大的商业思维和独特的投资眼光。

用能力赚钱辛苦，用资源赚钱容易，用资本赚钱洒脱。三种不同的赚钱方式就对应着三种不同的境界和心态。人们努力的方向，自然也就是从第三境界向第一境界迈进。

14. 从目标到结果

[战略点睛] 目标决定计划，计划决定行动，行动决定结果。

成功是一系列连贯的动作，它始于目标，通过符合计划的一系列的行动而最终达到结果与目标的契合。成功是一种实践结果，而不是靠想象力总结出来的。所有的成功者都是目标任务的支持者，在他们的工作中，我们能够感受到目标、计划、行动在活动中所起到的重要作用。

有两兄弟，老大叫海子，老二叫大树。他们的父亲因病去世，死之前给每个人留了一套门面房，并告诉他们："你们可以把门面房租出去，也可以自己用它来做点小生意。只要你们不是大手大脚花钱的人，门面房就能养活你们。"

海子是个聪明人，他把这个门面房分成了两部分，并制订了一个目标。一部分自己使用，做点小生意；另一部分租出去，赚一点租金。海子认为：如果一年下来，自己赚的钱比租金多，另一半就收回来自己用；如果自己赚的钱比租金少，就把现在这一半也租出去，然后另谋生路。海子的目标，虽然只是一个年目标，但是他认认真真与自己的租客进行商业 PK，看看谁是最后的赢家。

大树与海子完全不同，他看上去更像是一名享乐主义者。他没有任何想法和规划，而是直接把门面房租给了一位外地商人，租金也少得可怜。大树拿些微薄的租金继续享乐，如果实在没有钱了，他就去不远处的一家小工厂打点零工，赚一点生活所需。大树常常说："人是漂泊的魂啊，漂到哪里就是哪里，随波逐流才能善始善终。"这话听上去很有哲学味道，实际上只是他为自己的懒惰找的一个借口而已。

海子的生意越做越好，比他的租客的生意好多了。租客夸奖自己的房东："海子真是一个有目标、有计划、有行动的人，比我勤奋多了。与他相比，我简直不值一提。"通过一年的奋斗，海子赚了一笔钱。海子把另一半门面房收了回来，扩大了经营面积。经营规模扩大了一倍，营业收入也提高了一倍。此时的海子，虽然年纪轻轻，但是已经成为村里的有钱人。

大树呢，仍然是一副浑浑噩噩的样子。除了玩、花钱之外，就是睡觉、看电视。他非常喜欢玩，似乎有点玩物丧志的倾向。整个人一直松松垮垮，毫无人生目标。邻居们劝大树："大树啊，瞧瞧海子。他现在是什么样了，你现在又是什么样子？简直是没有对比就没有伤害啊。难道你就不想出人头地吗？"大树把这些话当成耳旁风，依旧我行我素。

海子成了村里有头有脸的人物，此时他又有了一个想法，就是出钱把大树手底下的那套门面房也买下来。他找到大树，对大树说："大树啊，不如你把门面房卖给我吧，我给你十万元，这个价钱比市场价还高出两万元，算是大哥补偿给你的。"大树不仅懒惰，也是个爱钱的人，于是便签了协议，把门面房转给了自己的大哥。

海子继续按照自己的计划有条不紊地扩张着自己的产业，希望有朝一日成为村里最富有的人。大树则拿着卖掉门面房的十万元继续花天酒地，但是很快他就挥霍完了。海子的生意越做越大，几年后就成了村里的首富。大树呢，则落得无家可归的下场。后来海子可怜自己的弟弟，便给大树安排了一个职位。大树为了糊口，不得不去学着工作。

这个故事实在是一个极其常见的故事，有目标、有计划、有行动的大哥取得了成功，没有目标、没有计划、没有行动的弟弟只能以失败收尾。这个故事说明了一个事实，即目标决定计划，计划决定行动，行动决定结果。目标是远方的灯塔，它决定了帆船行驶的方向和出航的计划，出航的计划等同于帆船的行动指南，相当于风，行动则是帆，风吹起帆，帆带动帆船驶向远方的灯塔。因此我们说，目标、计划、行动是一个"方向统一"的行为，缺少其中的任何一个环节，结果都将无法实现。目标很重要，计划很关键，行动亦不可或缺。许多人想要把这样一个"合一"的行为分解，但也仅仅做到了步骤上的分解而已。对于商业组织的经营活动而言，目标、计划、行动同样是缺一不可的。

有一位企业家说："做任何事之前，都要进行一番规划，比如制订目标和计划、确定行动路径、付诸行动等。如果我们反其道而行之，恐怕就会吃亏。"因此，我们应该理顺目标、计划、行动三者之间的关系，才能把商业组织的经营工作落实到位。

15. 生活形式决定商业形态

[战略点睛]　生活态度决定生活变化，生活变化决定生活形式，生活形式决定商业形态。

对于那些从事文学创作的人而言，生活体验是非常重要的。纯粹意义上的闭门造车之作是难以引起读者共鸣的。文学是来源于生活、高于生活的一种表现形式。换言之，生活决定文学。当然，商业也源自人类的生活，人类的生活形式决定商业形态。就好像互联网时代人人爱网购，因此与网购相关的电商业务、物流配送业务等便应运而生。

有一位思想开放的年轻人发现了一个商机。但是当时他也拿不准，他就采取了一种观察和等待的方式。他发现，小区居民通常在小区附近买东西，并不喜欢开车去更远一点的超市。为此，他问过一位居民："大妈，您怎么不去大超市买菜啊，大超市的青菜品种多丰富啊！"这位居民告诉他："大超市太远了，去一趟大超市太麻烦了。再说，青菜在哪里买都是一样的，就近买更方便。"他观察了很久得出一个结论，在小区门口开一家生鲜小超市一定有市场。

这位年轻人辞掉了工作，在自家小区门口开了一家生鲜小超市。他的生鲜小超市虽然不大，但是品种齐全。许多蔬菜、水果都已经清洗包装好，小区居民买回家可以直接食用。虽然他的生鲜小超市生意非常好，简直可以用门庭若市来形容，但他并不满足。随着人们网购的深入，快递收发也是一个充满无限商机的行业。早在几年前还没有速递易和云柜的时候，这位年轻人就发现，帮助小区居民代收快递可以大大提高生鲜小超市的人气。于是他与几家快递公司合作，专门腾出 20 平方米的空间，用来存放小区居民的快件。一个快件他可以赚 5 角到 2 元不等的利润，虽然赚钱不多，但是给他的生鲜小超市带来了足够高的人气。

这位年轻人非常有经商天赋，他认为自己的经营模式完全可以形成一套体系，然后在自己的城市复制推广。他注册了公司和公司商标，为公司规划了蓝图。几个月后，他在另两个居民小区的门口开了两家"快递＋生鲜"的超市，由于宣传工作到位，超市刚一开业便吸引了足够多的小区居民排队。这也让他走上了"连锁模式"之路。几年内，他陆陆续续开了几十家连锁超市，超市的生鲜食品进行统一配送，以确保生鲜食品的种类和质量。为小区居民提供标准化的服务，也是这些连锁超市的特色。

我们把年轻人的创业故事看成一个传奇故事，一点也不为过。后来，他还制作了一个线上购物 App（手机软件），小区居民下载 App 后不仅可以进行线上购买，还可以享受小区内的配送上门服务。年轻人把小小的生鲜业务做到了极致，而他也赚到了人生的财富。

年轻人的聪明，在于他抓住了生活形式的精髓，并借助它将消费者的需求串联起来。严格意义上讲，不是商业形态改变了生活形式，而是生活形式改变了商业形态。事实上，全国各地都有这样的连锁超市，它们能够生存下去，与消费者的聚集式的生活形式有关。社区商业，仅仅只是一个典型代表。绝大多数的商业形态，都受消费者生活形式的影响。许多人外出旅游都会用手机拍照，与手机拍照相关的自拍杆便成了一款热门商品。如今，市面上有许多品牌的自拍杆，销量也非常大。这样一款产品的发明，不也与消费者的生活形式相关吗？

从本质上讲，商业是因人类的需求而产生的。人类的需求通过自己的生活行为表现出来。比如，人们喜欢健身，就会对健身产生需求，健身器材便迎合市场出现，满足了人们的需求。人们的生活形式成为"卖点"，"卖点"则刺激与之相匹配的商业形态羽翼成型。如果我们追根溯源，寻找人类生活形式的源头，或许我们就会找到这样一个源头：生活态度。顾名思义，生活态度是一个人的意愿，这种意愿对生活形式有极大的影响。一个人追求积极的、乐观的理想世界，为此他博览群书、参加各种培训提高自己的能力。生活方面，他对物质的需求相对少，对精神的需求相对多。服装、日用品对他来讲，能够满足他的基本生活即可；至于图书、音像制品等，他则有迫切的需求和较高的要求。因此，一个人的生活态度决定了他的生活形式，一个人的生活形式又决定了他的消费行为，而消费又是推动商业发展的主要力量。

　　生活态度决定生活变化，生活变化决定生活形式，生活形式决定商业形态。这是一种逻辑，拥有符合这种逻辑的商业思维，才能开发出成功的商业模式。